La Beauté du geste

Textes et chroniques

AU DIABLE VAUVERT

Du même auteur

TREIZE MINUTES, roman, *Au diable vauvert*, 2003, *J'ai lu*, 2005
MÉMOIRE COURTE, roman, *Au diable vauvert*, 2000, *J'ai lu*, 2004
UN DÉBUT PROMETTEUR, roman, *Au diable vauvert*, 2003, *J'ai lu*, 2005
COURIR À TRENTE ANS, roman, *Au diable vauvert*, 2004, *J'ai lu*, 2006
VALLAURIS PLAGE, roman, *Grasset*, 2006, *Le Livre de poche*, 2008
UN LÉGER PASSAGE À VIDE, roman, *Au diable vauvert*, 2010, *J'ai lu*, 2011
L'AMOUR EST DÉCLARÉ, roman, *Au diable vauvert*, 2012
LA FEMME DE RIO, scénario, *Au diable vauvert*, 2014

ISBN : 978-2-84626-772-4

Au diable vauvert
www.audiable.com
La Laune 30600 Vauvert

Catalogue disponible sur demande
contact@audiable.com

Nicolas Rey

La Beauté du geste

Textes et chroniques

R comme répertoire

Homme, 40 ans, recherche sommeil, équilibre, tennis une fois par semaine et antibiotique de troisième génération contre l'angine blanche. Ce n'est pas que tu sois dépressif, non, ce n'est pas ça. Le matin, tu arrives encore à te raser, à prendre une douche, c'est juste que chaque chose te donne envie de pleurer. On t'annonce une naissance, tu sanglotes. On te raconte un voyage au Népal, tu te décomposes. On te propose un week-end en Bourgogne, tu vomis l'ensemble de ton petit déjeuner. Ton répertoire, par exemple, ton répertoire téléphonique. C'est un cahier et il te donne envie de chialer. Une envie pas croyable.

Ce n'est pas la décrépitude de l'objet, ce n'est pas seulement ça. Ce sont les noms au début des pages, par exemple. Les premiers noms, les amis d'enfance, la famille, le numéro de téléphone d'un hôtel dans lequel tu n'iras plus. Un répertoire téléphonique. Jette un œil là-dessus, petit gars, c'est plus sanglant qu'un album photo.

Pourquoi, déjà, me suis-je fâché avec ce type ? C'était un type bien, un type capable d'égorger un chat pour de bonnes raisons. Pourquoi n'ai-je pas décidé de faire ma vie avec cette étudiante en médecine ? Qu'est-elle devenue, au juste ? Mariée avec un chirurgien ? Aime-t-elle toujours autant les Kinder Surprise, les balades à vélo hollandais et les Smashing Pumpkins ?

À chaque page du répertoire, un fantôme, un sourire oublié, un accident de voiture, une folle nuit, un cancer, une femme rencontrée dans un train, une overdose, une parenthèse, huit fois le prénom Florence et une seule fois celui de Coralie. Tu avais appuyé fort sur la pointe du marqueur en te disant : « Au moins, Coralie, elle restera. »

Zurban, 2000

La hauteur des plafonds

On ne fait pas assez gaffe à la hauteur des plafonds. La hauteur d'un plafond, c'est important. Un plafond haut facilite la qualité des sentiments. Voilà pourquoi on s'aime beaucoup dans les palaces. À la belle étoile aussi. Le problème demeure que l'inverse est aussi vrai. Les garçonnières, par exemple. Les chambres de bonne, les mezzanines. Pas mal non plus. N'empêche. Dans un palace, il existe autre chose. Comme un air de déjà-vu, un supplément de pourriture, un mélange de fric et de tristesse, de beauté qui se trouve à jamais derrière soi. Une femme riche dans un palace. Pas une bourgeoise. Jamais de bourgeoise dans les palaces. Dans les palaces, les bourgeoises n'existent pas. Les bourgeoises se cachent dans le Lubéron pour mourir bronzées. Mais la femme riche, seule, 50 ans, avec une margarita en face d'elle, dans le bar chic d'un palace, cette femme rêve qu'on mise sur elle une dernière fois, les yeux dans le vague, la mémoire en pose sur la petite musique de son passé.

Le travail d'escort boy devrait être pris en charge par la Sécurité sociale. L'escort boy aime son métier. C'est un travail important qui demande bien de la délicatesse, de l'abnégation et de l'imaginaire aussi. Un escort boy est un artisan du cul. Chacun de ses cunnilingus est fait maison, avec sa bouche et pour finir avec le secret du chef.

L'escort boy est à son compte. Il possède l'amour du travail bien fait et un pénis circoncis comme il se doit. Pour faire le job, on ne triche pas. On reste les yeux grands ouverts. Voilà. Apprendre à bander les yeux grands ouverts.

À l'heure où tous les autres baisent avec des gens qui leur plaisent, l'escort baise dans des mondes qu'il découvre et que l'on ne connaît pas. C'est un aventurier. Un mercenaire. Vous ne trouverez jamais d'escort boy dans la fonction publique.

Notre homme est fier et généreux. Parfois, il entre dans les palaces et en ressort quelques heures après. Alors, la femme riche retrouve son âge et sa solitude. C'est la raison pour laquelle, dans les palaces, les oreillers sont plus grands, pour pleurer.

Zurban, 2000

Le garçon de café

On n'invite pas une fille à déjeuner comme on invite une fille à dîner. Entre ces deux repas se glisse un océan. Dommage. C'est agréable de faire l'amour l'après-midi.

Je viens de passer mon après-midi avec Yves Kleber. Scoop. Mon ami, ma rivière pourpre, est AMOUREUX. Yves parle de son homme avec des cordes vocales poussées à un volume maximal. Résumons. Ils s'aiment, ils font les courses ensemble, ils dorment et ils cuisinent ensemble. Et lorsque tu demandes à Kleber de définir ce miracle en un seul mot, il te répond : « ENTIER. »

Au Planet Hollywood, Yves t'accompagne aux toilettes. Dans les toilettes du Planet Hollywood, ils ont mis un jeune homme pour donner du savon. Peut-être même est-il payé pour ça. Une coupelle est présente pour te rappeler que son salaire ne suffit pas. Alors, Kleber craque :

« Mon mignon, par ta faute, je culpabilise en pissant. Tu es le garçon de café dont parlait Sartre. Je supporte pas. N'oublie jamais que tu as TOUJOURS le choix. Y compris le choix de ne pas accepter ça. Le choix du jardinage, le choix de la sophrologie et le choix de poser une bombe dans un concert des Restos du cœur. »

Alors Yves, radieux, embrasse le jeune homme pipi sur la bouche :

« Creuse. Tant que tu respires, tu es libre mon poulet. »

Peut-être que Kleber avait raison. Peut-être qu'arrivé à l'os, n'importe qui est beau.

Zurban, 2000

Show must go on

Au restaurant, à la table d'à côté, une mère de famille en Prada s'inquiète pour sa progéniture : « J'ai vu son instituteur hier soir. Il m'a dit : "Votre fils est bien gentil mais, quand je lève la tête, il est toujours le seul à regarder par la fenêtre." »

Encore un enfant du rock.

Zurban, 2000

L'amour sous X

Yves Kleber ne sourit pas, il rayonne. Il n'écoute plus, il survole. Son visage est une boule à facettes. Il est maintenant capable de balancer des phrases comme celle-ci: « Dans l'absolu, j'aimerais bien être à ma place. » Lorsqu'il baisse les yeux, c'est pour regarder au-dessus des nuages. Yves / Jérôme. Jérôme / Yves. Au fond d'un bar irlandais au charme asiatique de la rue Mandar, ta moitié sud te confie sa première expérience amoureuse sous MDMA. « Un cachet en forme de Schtroumpf, Jérôme me tenait dans ses bras, m'expliquait comment vivre ce voyage avec des murmures dans l'oreille. J'ai compris ce que ça voulait dire, enfin, l'expression "faire corps avec quelqu'un". »

Ensuite, comme dans un film enchanté, ces deux-là descendent Paris en passant par le Pont-Neuf et la place Dauphine. Yves devait ressembler à Casque d'or. Jérôme à une chansonnette. Sur une terrasse de Saint-Michel où même les serveurs paraissaient tendres, ils sirotent des poires pour fêter les 5 heures du matin tout en se jurant un amour éternel. Après avoir repris un dernier verre, bonne éducation oblige, nos deux amants choisissent un banc du parvis de Notre-Dame pour une dernière étape. Serrés l'un contre l'autre, l'air froid peut toujours courir pour se faufiler entre les deux. Yves te raconte ça comme une page des carnets noirs de Gabriel Matzneff. Il ne manque plus que la piscine Deligny, le Luco, le restaurant Aux camionneurs et le grenier des soupirs.

Et puis, Jérôme s'est envolé pour l'île Maurice. La température ambiante avoisine là-bas les vingt-huit degrés. Ta moitié sud tient le coup. Il transcende cette frustration du départ en un geste érotique. Voilà. Yves Kleber bande du cœur. Dans un de ses livres, Matzneff confie : « L'avenir est assis sur les genoux de Vénus. »

Et sur certains bancs mystiques couverts de graffitis et de substances illicites.

Zurban, 2001

C'est rien

C'est rien, je te jure, presque rien. Un soir comme d'habitude. J'étais à table. Je tentais d'expliquer à un type qu'on pouvait être de gauche et aimer le caviar. Il a pas supporté. Comme quoi, c'était la porte ouverte aux fraudeurs de la pire espèce. Les fraudeurs font souvent de très bons ministres, j'ai murmuré, avant de poursuivre par le monologue suivant : Et les robes des filles ? Et le droit de chanter ? Et celui de tomber amoureux de sa cousine ? Et la violence d'une cour de récréation ? Et le sexe MERDE ? Alors je suis allé au Queen, je sais que c'est difficile à entendre, une copine d'une copine et voilà, la file d'attente du Queen en plein week-end. Je sais pas. Les mauresques avalées peut-être, je sais pas, ELLE dansait près des toilettes, une enfant de 16 ans. Même en racontant, tu peux pas comprendre. La manière dont elle dansait contre moi, ses yeux, Yves, ses yeux qui m'aimaient comme si sa vie en dépendait *vraiment*.

Elle me buvait, Yves, elle me buvait avec tous mes échecs, mes mensonges et ma vieille carcasse. Elle a gobé tout ça, tu imagines la force de cette fille ? À un moment, elle est allée voir une copine pour la prévenir qu'elle poursuivait la nuit avec moi. Elle s'est absentée cinq minutes. Une éternité. Une putain d'éternité. À l'aube, elle avait faim. Nous sommes sortis du Queen pour aller en face chez Maître Kanter, deux homards ! Deux ! J'étais Kanter. J'étais un Maître à découvert. À table, j'ai demandé : Tu veux faire quoi quand tu seras grande ? Elle a répondu podologue et j'ai eu envie de l'épouser.

Ensuite, on est allés chez moi, tu comprends, elle habite Lille, alors on est allés chez moi. À 13 heures, je suis descendu lui acheter des Miel Pops, à savoir sa marque préférée de céréales. J'avais la sensation que mon corps revenait d'un lavomatic. La belle nuit. Elle s'en est allée un peu plus tard, un train à prendre, des parents fin prêts pour la dégommer. « Je t'appelle ce soir, je te promets que je t'appelle ce soir. »

Ça fait quatre jours qu'elle doit m'appeler ce soir. Tout à l'heure, j'ai reçu un texto. C'était un texto très court et d'une grande précision. Seize ans, tu vois, je ne me souvenais plus, la sincérité de cet âge-là, la sincérité au point d'oublier juste après. Mais c'est rien, crois-moi, ça va passer, c'est presque rien. Tiens, Yves, tu veux bien qu'on marche un peu, j'aime bien Paris en ce moment. C'est calme et ça n'a pas 16 ans. Paris est une dame âgée qui ne donne jamais tout et qui, parfois même, t'offre quelque chose.

Zurban, 2001

Le bleu du ciel

« Je vais rester à Paris au mois d'août. Paris au mois d'août, c'est formidable. »

Paris au mois d'août, c'est trente minutes pour trouver un tabac ouvert. Trois quarts d'heure pour une boulangerie et les bas-fonds du métro, cette étuve humide avec son armée de crevards. Paris au mois d'août, c'est la gare de Lyon qui déborde et des stagiaires bourrés d'espoir dans des salles de rédaction. Paris au mois d'août, c'est une fille à la terrasse d'une brasserie. En fait, c'est LA fille. Celle que vous attendiez depuis le CEI. La future mère de vos enfants. Bientôt, vous serez tous les deux, en bas des pistes, à la montagne, en attendant que vos mômes reviennent de l'école de ski. Alors vous abordez cette femme. Et cette femme va vous répondre en néerlandais. Et c'est dramatique parce que le néerlandais est comme un miracle à l'envers. Heureusement, il y a la voisine d'en face. Août est le seul moment où elle laisse sa fenêtre ouverte. Son homme la fait jouir sans discontinuer. Yves le considère « comme un étalon au potentiel énorme ». Je regarde ce divertissement avec beaucoup de plaisir, assis dans mon canapé, des Corona dans la glacière. Je trouve que l'image est belle. Je trouve ça nettement mieux que les projections sur les pelouses de la Villette. Et puis quelle voix ! À la fin, comme sur les DVD, il y a le making of: mademoiselle totalement nue traverse le couloir pour aller faire pipi. C'est bien d'écouter son gynécologue.

Le matin, avant d'aller travailler, je dépose un billet de dix euros dans sa boîte aux lettres. Le prix d'une place au cinéma. Parce que j'ai toujours adoré le cinéma.

Zurban, 2001

Un palace pour Émilie

Il ne faut plus dire que tu es triste. La tristesse est considérée comme une attitude réactionnaire. Une attitude à éviter. Donc, en ce début de soirée, tu n'es pas triste. C'est juste qu'il pleut sur la place de la Concorde, juste que le Crillon n'est pas ton palace préféré, juste que tu vas rencontrer la comédienne Émilie Dequenne sans savoir encore ce que tu vas bien pouvoir lui raconter. Voilà pour le décor.

À l'intérieur, le concierge te fait répéter ton nom deux fois. Mais tu résistes. Tu manques de fondre en larmes mais tu résistes. Dans le salon d'en face, un feu de cheminée marche doucement. Yves Kleber t'annonce qu'il va t'attendre là, commande direct un irish coffee et se calfeutre près des flammes.

Plus tard, tu racontes la phrase d'Émilie Dequenne quant à son soudain passage de l'anonymat à la célébrité grâce au film des frères Dardenne: « Avant, rien. Après, l'attachée de presse te chope le bras et tu te retrouves en duplex face à Claire Chazal. »

Ta moitié sud accueille d'une grimace cette déclaration: « Il n'y en a qu'une et c'est Émilie Besse sur Canal +. Personne n'arrive à la cheville d'Émilie Besse. Pas même Grace Kelly. »

Émilie Besse, son port de tête improbable, cette beauté presque hitchcockienne, cette façon d'annoncer les scandales et autres tragédies du monde du bout des lèvres, sans presque en avoir l'air, comme si tout cela n'avait pas vraiment d'importance.

Même en hiver, même à 2 heures du matin, même au sortir d'un palace, Yves Kleber, comme l'écrivait Jaenada, était de « ces grands hommes qui peuvent sortir un sept avec un dé. »

Zurban, 2001

Saint-Lazare, 19 heures

D'habitude, il se renseigne pour connaître l'horaire des trains. Pas cette fois-ci. Il rentre et c'est tout. Pas de course vers un wagon de deuxième classe, pas de cinq minutes en avance le temps d'acheter la presse. Il débarque avec le minimum dans un sac. Il va prendre le prochain train, le prochain train est dans quarante-cinq minutes et c'est très bien comme ça. Il commande une bière à la terrasse du Relais des voyageurs. Le ciel est un toit de gare. Le ciel, où qu'il soit, n'est plus avec lui depuis quelque temps. Il allume une cigarette. À gauche, ceux qui accélèrent pour ne pas manquer leurs correspondances. À droite, c'est la côte normande, les longues distances avec des marques de vêtements et pleins d'histoires de familles à raconter.

Il joue avec le bout rouge de sa cigarette sur le bord du cendrier. Tout à l'heure, il a pigé ce que signifiait « deviner les choses » au visage du cancérologue. Reviennent en lui ces quelques lignes de Rémi : « La rémission, c'est comme la prison à l'envers. Tu comptes tes jours de liberté et tu espères perpette. »

Il sait le temps qui file, le temps bouffé, mâché puis jeté au loin. Il ne se rappelle plus les décorations de décembre sur le boulevard Haussmann : « Cette année, le Père Noël nous a apporté une épée de Damoclès. »

Paris est injouable dans un tel état. À Paris, il faut être en forme, il faut rentabiliser chaque heure de sa journée. Il faut se lever tôt et faire du sport en début de soirée. C'est difficile, le sport, sans défense immunitaire ni cheveux. Il termine sa bière. Son ventre le brûle. Son ventre lui indique que plus rien ne passe désormais.

En prenant son train, il croise un couple de jeunes Allemands avec un guide à la main, souriant à l'idée de découvrir Paris. Paris, cette ville magnifique.

Zurban, 2001

OGM

Il débarque chez Maître Kanter, radieux, comme s'il faisait une faveur à la choucroute paysanne de la table d'à côté, la chemise ouverte jusqu'au nombril, le geste ample, la voix forte afin que la terre entière sache que Yves Kleber baise, boit, gobe, aime, bref, que Kleber existe vraiment.

Il offre du « charmant jeune homme » à un vieux serveur et te demande de toucher son torse « parce que j'ai la solution pour paraître imberbe mais pas trop. Pas de rasoir ni d'épilation, juste un petit coup de tondeuse et goûte le résultat, discret et tendre à la fois. »

Voilà pour les conseils beauté de ta moitié sud. Le temps d'un plateau de fruits de mer seront évoqués à grand renfort de décibels, histoire d'en faire profiter tous les voisins, un instant d'émotion avec la première sodomie: « Il te faudra quelques nuits pour apprendre à bander en même temps que tu te fais prendre. » Un instant sociologique avec un cours sur l'anatomie impressionnante de la nouvelle génération: « Incroyable à quel point ils sont membrés dès 16 ans. Ça doit être les OGM. »

Et pour finir, une envolée lyrique du Pavarotti français: « Sucer un mec, c'est à la portée de tout le monde! Même un enfant pourrait faire ça! Même toi, Nicolas, je suis sûr que tu pourrais t'en sortir!

— Peut-être », ai-je murmuré, en songeant que la vérité sortait toujours de la bouche de cet infernal gamin.

Zurban, 2002

AM (alcoolique mondain)

« Vous consommez de l'alcool ?

— Comme tout le monde.

— C'est-à-dire ?

— C'est-à-dire comme tout le monde à Paris, cette ville magnifique.

— Mais est-ce que vous buvez beaucoup ?

— Le matin, au réveil, je bois très peu.

— Est-ce que vous buvez plus de vingt-deux verres par semaine ?

— Plus de quoi ?

— Plus de vingt-deux verres par semaine.

— Docteur, je ne compte jamais le nombre de verres que je bois, c'est indécent, c'est comme compter les boutons sur le dos d'une fille qui vient de s'offrir à vous.

— Faites un peu plus d'efforts et un peu moins de comparaisons.

— D'accord, il y a combien de jours dans une semaine ?

— Sept.

— Trois fois sept égale vingt et un, on est bien d'accord ?

— On est bien d'accord.

— Alors oui, je bois plus de vingt-deux verres par semaine, sans compter les caïpirinhas, je bois plus de vingt-deux verres par semaine comme tout le monde à Paris, cette ville magnifique.

— Donc, vous êtes ce qu'on appelle un "alcoolique mondain".

— …

— Quelque chose ne va pas ?

— Pour mondain, je veux bien qu'on en discute. Pour alcoolique, vous vous fourvoyez complètement.

— Écoutez, c'est simple, je vais vous prescrire un traitement.

— Un traitement contre l'ivresse ?

— Non, un traitement contre l'alcoolisme.

— Arrêtez avec "alcoolisme", les gens vont finir par croire que je suis contagieux.

C'est un traitement qui vous ôtera l'envie de boire.

— Mais docteur, si un soir Philippe Jaenada n'a pas le moral, qu'est-ce que je fais moi ? Je le réconforte avec du Perrier menthe ? Et si j'ai le trac avant d'écrire une page, hein ! Je fais comment ? Et si Yves Kleber se fait jarter de son loft comme un vulgaire parasite, il faut que je sois là, présent, à ses côtés, pour dire à quel point ma moitié sud reste la huitième merveille du monde.

— Et alors ?

— Et alors, pour dire ça, il vaut mieux se trouver dans un bistrot de la rue Mandar avec un whisky aussi chaud que l'amitié.

— …

— C'est comme pour Barry White.

— Pardon ?

— Personne au monde ne peut écouter du Barry White en s'enfilant un Vittel fraise.

— …

— C'est mathématique, docteur. »

Zurban, 2002

Le vif du sujet

J'aime Charles Pépin. Avec Charles, nous faisons partie de ces types qui ont tout arrêté. Les autres sont six pieds sous terre ou, pour les moins chanceux, en train d'errer rue des Abbesses. Charles vient d'écrire un nouveau livre. Il a une noble ambition : faire en sorte que la philosophie puisse « vivifier » la moindre de nos journées. Prends les embouteillages, par exemple, me raconte Charles, comment la philosophie permet-elle de mieux accepter les embouteillages ? Réponse : Tu es dans l'embouteillage, c'est une première souffrance. À cette première souffrance s'en ajoute une seconde : tu vas devenir hystérique à cause de cet embouteillage. Cet embouteillage va te taper sur les nerfs. Pourquoi ajouter un second mal au premier, Nicolas ? Pourquoi, plutôt, ne pas en profiter pour écouter France Culture, prendre le temps de la réflexion, de la mélancolie ?

Pareil pour la beauté, Nicolas. Pourquoi la beauté nous fascine-t-elle ? La beauté nous fascine parce qu'elle cache quelque chose.

Et la réflexion ? Nicolas. Ils sont tous là, en ce moment, à préférer l'action à la réflexion. Ils ont tort. Un exemple ? Un homme d'affaires, en voyage à Paris, manque son TGV gare de Lyon. C'est le dernier. Il monte au Train bleu boire un verre. Il y retrouve, par hasard, une fille qui lui plaisait à l'université. Ils vont passer la nuit ensemble. Une belle nuit que cette nuit-là. Ensuite, l'homme d'action va se contenter de bénir sa bonne fortune. Mais le type capable de réflexion va se trouver émerveillé par l'agencement de toutes les choses qui ont concouru à rendre possible cette nuit-là. Double dose de plaisir sur ce coup.

« 1/0 pour la réflexion, je marmonne.

— Exact.

— Charles ?

— Oui ?

— Et la maladie, la mort, ils en pensent quoi, les philosophes ?

— C'est la fin de mon livre. Elle comporte la question suivante: "Comment se préparer à mourir?" Mon chapitre commence avec un extrait d'Irvin D. Yalom: "On ne sait jamais comment terminer les choses. Et pour cause, ça n'arrive qu'une fois. Aucun mode d'emploi n'a jamais été écrit là-dessus… alors il faut improviser."

— Super. Et la maladie des proches.

— Des proches?

— Des très proches.

— C'est la pire des merdes, la maladie des proches », conclut un Charles beaucoup moins philosophe d'un seul coup.

Zurban, 2002

Un poing, c'est tout

Xavier, tu vas faire un cliché de Miossec, tu imagines ? Xavier, mon photographe ultime, qu'est-ce que tu crois, toi qui as tutoyé Daney, toi qui as immortalisé Truffaut, qu'est-ce que tu crois, Xavier, que j'ai aimé Christophe Miossec comme ça, progressivement, l'air de rien, du bout des lèvres, en me disant hummm, il va falloir suivre ce chanteur breton. Rien du tout. J'ai aimé Miossec d'un seul coup, en une seule prise, au large de Brest et partout ailleurs, à partir du moment où je l'ai entendu pour la première fois. J'ai aimé Miossec entièrement, un peu comme on aime un auteur américain. Miossec me traite de connard dans ses concerts, c'est son problème, ce sont ses concerts. J'y retournerais quand même.

J'ai aimé ce type le 21 mai 1996 exactement, le jour où une gamine a pris un petit air désolé pour me dire qu'elle ne m'aimait plus. C'est incroyable l'air qu'elles savent prendre dans ces cas-là. Xavier, tu imagines : l'impression que plus rien n'existe, le naufrage entier, le naufrage parfait.

Tu marches longtemps, ce jour-là, au hasard des rues. Il fait beau. Tu croises deux jeunes qui s'enlacent sur un banc public. Tu portes le deuil et il n'y a personne pour s'en apercevoir.

Dès le lendemain, tes journées se résument à boire ce que tu peux, à lui téléphoner ivre mort au matin, à insulter les parcmètres, à refuser d'aller prendre une douche de peur de ne pas entendre le téléphone sonner, à écouter en boucle *Boire*, le premier album de Christophe Miossec, à écouter *Boire* en buvant de la bière pour ne pas mourir tout de suite, à écouter *Boire* parce que lui seul semble comprendre ça, parce que la phrase du titre n° 13 fera toujours la même musique : « Que devient ton poing quand tu tends les doigts ? »

Alors, gamine, qu'est-ce qu'il devient, ton poing ?

Zurban, 2002

Cocktail time

Les gens, après une séparation, ils deviennent quoi ? Je pourrais avoir du champagne dans un grand verre s'il vous plaît ? Le voyage à Colombey-les-Deux-Églises m'a donné envie de cul. Un champagne s'il vous plaît ! Les restructurations, j'y comprends rien, tous les gens restructurent, même chez eux, ils restructurent, même leurs vies, ils les restructurent. Ils font Arcelor-Mittal chez eux, les gens. Tu veux maigrir ? Mange des protéines et fais pas chier. Tu savais que Benoît P. s'était retrouvé à côté de Brice Hortefeux sur un vol Paris/New York. Il a adoré ça. À présent, je refuse de rencontrer des écrivains journalistes, des écrivains chroniqueurs, des écrivains télé, des écrivains radio, je veux un écrivain tout court, je veux un vrai cordonnier, je veux une authentique charcuterie. La véritable question c'est : Pourquoi Florent Pagny ? Surtout ne me raconte pas la saison 2, je l'ai pas encore téléchargée. Tu ne verras jamais un vrai poète écrire un seul poème. Un vrai poète trouverait ça trop minable de rédiger un poème. J'ai essayé les cours de pilates et depuis ma vie n'est plus la même. C'est scientifique, que ça baise beaucoup dans les hôpitaux: le sexe et la mort juste à côté. Merci monsieur pour cette coupe de champagne. Tu vois, un serveur, c'est important, un serveur, ça ne restructure pas, un serveur, ça se concentre sur les quelques gestes qu'il doit faire à un moment précis. Un peu comme un samouraï. Un peu comme un charcutier. Un peu comme un écrivain, en fait.

Zurban, 2002

Le refuge de la Butte

C'est plus qu'un appartement. C'est une auberge. Elle se trouve près d'un jardin, à côté d'une allée de brouillard et en face d'une maison fantôme. C'est Mlle Marion qui héberge. Elle ne reçoit que dans les moments difficiles. C'est une auberge en conseils, calmants et sels de bain. Une auberge spécialisée en dépression nerveuse. L'amie triste arrive. Tu prépares à cette jeune femme un mélange spécial « ça ira mieux demain » rhum, glace pilée, gingembre, sucre de canne, un millimètre de citron vert. Tu l'entends dire du mal des hommes dans la pièce à côté.

Ce qui implique un boulot pas croyable. Tu restes dans la cuisine le temps que les choses se calment un peu. Bientôt, la tempête s'arrange avec l'aide d'un bon Pomerol. Alors, toi, L'HOMME, on te demande ton avis : « Pourquoi il disait m'aimer si c'est pour en arriver là ? » Tu respires profondément avant de commencer ta réponse. C'est une auberge avec un canapé-lit qui donne sur trois cents chaînes du câble pour que l'on puisse survivre aux insomnies en regardant des histoires de trentenaires qui souffrent et qui s'amusent, sur Canal Jimmy. C'est une auberge avec un saladier de Xanax dans chaque chambre et de l'herbe pour les vrais puristes. C'est une auberge où les couples illégitimes peuvent baiser quelques heures sans qu'on y trouve à redire. C'est un coin entre parenthèses. Un lieu qui ne juge pas. On y a vu des pères de famille qui ressemblaient à des mômes perdus dans une galerie marchande et d'autres capables de faire l'amour dans la salle de bain malgré ses néons blancs.

Le matin, il faut partir. Ensuite, au bout de l'allée, l'agitation et l'obligation de résultat recommencent. Ensuite, il faut tenir jusqu'au soir. L'auberge n'ouvre qu'à 19 heures. Elle n'accepte que les garçons qui ont des choses à se reprocher et les filles capables de faire pleurer des Valmont sous un soleil d'Espagne.

Zurban, 2002

Benicio del Toro

Hôtel Lancaster. Septième étage. 10 h 30. En face de moi, un attaché de presse tourne en rond avec deux BlackBerry : « Il va arriver d'une minute à l'autre. » 11 heures. Plus d'attaché de presse. 11 h 30. Toujours personne. 12 heures. Chaque journaliste que je croise doute qu'une interview puisse avoir lieu aujourd'hui. 12 h 45. Notre homme sort de l'ascenseur. Il refuse de passer par sa chambre. Benicio del Toro. Presque en forme. Costume gris, cheveux poivre et sel, bouteille d'eau oxygénée à la main. Nous nous saluons. Vous avez bien dormi ? je demande. Il n'est pas sûr que je me sois réellement couché, il rétorque.

Un salon. Quarante-cinq minutes. Nous sommes trois puisque Benicio est accompagné d'un petit homme chétif avec des dents en or et une étrange mallette. L'acteur commence par demander de l'aspirine à son camarade et fait lui-même les présentations : « Voici Diego, mon docteur. C'est très important d'avoir un docteur auprès de soi après sa première nuit parisienne. »

Comme dans *Pale Rider* avec Clint Eastwood, Benicio sort avec lenteur de sa poche un paquet de Marlboro Light et vous demande l'autorisation de pouvoir fumer sans trop d'espoir. Vous répondez par l'affirmative. « French », sourit-il.

Dans *Way of the Gun*, Del Toro, en plein casse dans une station-service, allume deux cigarettes en même temps. La première pour lui. La seconde pour la caissière. C'est dans ce genre de détail que va se nicher le sex-appeal d'un homme.

Je tente une première question : « Vous avez fait quoi cette nuit ? » Sans répondre, Del Toro plante ses yeux dans les miens. Ce sont des yeux que la morale réprouve. Un peu trop beaux. Un peu trop dangereux. On a l'impression que le diable est devenu une personne très sympathique, qu'il vous regarde tendrement et vous murmure : « Signe en bas de la page, petit, j'ai besoin de toi. »

« Question suivante, me propose-t-il.
— Vous trouvez facilement le sommeil ?
— Non.
— Vous êtes insomniaque ?
— Je boycotte ce mot. Lorsqu'on le prononce, il me fait l'effet d'une maladie bizarre. Pendant mes nuits blanches, j'écoute Bob Larring et Nick Cash, deux musiciens de blues totalement inconnus, il est impératif de découvrir ces deux types-là.
— Pourquoi ?
— C'est comme découvrir deux iguanes géants aux îles Galápagos. »

Avant de partir, on jette un dernier regard sur ses yeux. On revient vers lui. On lui demande : « Et lorsque ça ne va pas, vous faites comment ? » Il hoche la tête avec un sourire au coin des lèvres. Puis, après un long moment, il articule d'une voix grave : « Je fais comme cette nuit.
— …
— Shopping. »

France Inter, 2003

Le pirate

Le 14 février 2004, Marco Pantani est retrouvé mort dans une petite chambre d'hôtel qui ne donnait pas sur la mer. Overdose. Jusqu'au bout, Pantani aura fait les choses de façon romanesque. Lorsqu'il grimpait les Alpes, par exemple, il était romanesque. On l'appelait le pirate. Et le pirate n'était pas un enfant de chœur. Pantani ne faisait pas la morale comme Armstrong qui évoquait ses testicules. Pantani était une rock star. Il a vendu son âme au sport et son organisme au public. Je crois que Pantani se tapait du maillot jaune et même, parfois, de la victoire d'étape. Ce que voulait Pantani, c'était enflammer les virages comme d'autres les planches. Ce qu'il voulait, c'était donner du plaisir aux spectateurs au bord d'une route. Donner du plaisir aux spectateurs au bord d'une route est un truc à la fois tout simple et pourtant pas facile à comprendre.

C'est toujours la même chose. Le prix à payer. L'addition de la fin. À quel prix ? On connaissait les écrivains, les chanteurs, les peintres maudits, voici le cycliste.

À la fin, Pantani était méconnaissable, à bout de course, en vrac, avec deux sacs plastique comme seuls bagages. Sa femme s'était barrée. Son manager aussi. Le monde l'avait quitté.

Seule la came ne le quittait plus. Alors, Marco s'est dirigé vers cette petite station balnéaire.

Pantani ne s'est pas suicidé.

Quelques jours avant son décès, l'ex-champion disait aller mieux et vouloir sortir de cette mauvaise passe. Avant de mourir, on dit toujours que les choses vont mieux, surtout au téléphone. Même la veille, on dit que ça va bien.

Quelques heures avant, tout va encore très bien. Jusqu'à la ligne de trop. Jusqu'au fixe de trop. Jusqu'au médicament de trop, que l'on prend, aussi paradoxal que cela puisse paraître, non pas pour mourir mais pour aller un peu moins mal.

Pantani ne s'est même pas fait descendre.

C'est l'existence qui lui a réglé son compte.

Inutile de trouver des porte-flingues derrière tout ça. On avait proposé « la peau de chagrin » à notre coureur et il a fait son choix : Vivre vite, vivre fort et vivre très peu de temps.

France Inter, 2004

17 ans et cinq cent quarante-six jours

J'avais 17 ans et cinq cent quarante-six jours. Ce fut mon premier et mon dernier séjour sur l'île de Ré. Je suis donc le type en pôle position pour évoquer ce mythique endroit. Bien sûr, j'aurais pu commencer par : « J'avais 18 ans », mais c'est une histoire d'amour. Mieux, un chagrin. Alors, je préfère avoir 17 ans et cinq cent quarante-six jours. De l'île de Ré, je ne connaissais que la chanson de Nougaro. Elle s'appelait Hortense. Je vous jure que c'est vrai. Hortense, franchement, il y a des prénoms qui semblent avoir été créés pour mieux vous briser le cœur. Peut-être que je me trompe. Peut-être qu'aujourd'hui, à l'île de Ré, la fille qui donne envie à un jeune type de se jeter par la fenêtre se prénomme Cindy. Pas sûr. Je n'avais pas fermé l'œil de la nuit, refaisant l'instant de mes retrouvailles avec Hortense des centaines de fois. À l'époque, les portables (les GSM comme ils disent à Bruxelles) n'existent pas. Je sais que c'est difficile à croire. Mais certaines personnes arrivaient tout de même à tenir le coup. On s'écrivait des lettres. On prenait des trains, des bus, sans être tout à fait sûr que l'être cher soit à l'arrivée. On avait toujours un doute. C'était l'été. Je devais passer quinze jours chez les parents d'Hortense. Avec Hortense, surtout. Je vous jure qu'elle s'appelait Hortense. J'ai pris le train de Paris jusqu'à La Rochelle. Ensuite, le bus. C'est le bus qui m'a semblé terrible. Sa maison de vacances se trouvait « aux Portes » comme on dit dans le jargon. Naïvement, je pensais que « Les Portes » se trouvaient au début de l'île. Erreur fondamentale. Les Portes, comme le savent tous les sénateurs de France, se trouvent au bout de l'île. Il faudra qu'on m'explique pourquoi, un jour. Les portes, normalement, c'est le début. Peut-être que c'est le « début » vu de la mer, en fait. C'est le début si je débarque en capitaine d'un navire amiral en hurlant « Terre ! », c'est le début si j'arrive des Caraïbes avec sept survivants sur cent vingt équipiers. À La Rochelle, j'ai pris un bus sans climatisation. Le voyage fut une lente agonie.

J'avais mis mes plus jolis vêtements : une chemise en lin blanche, un jean Lewis et des Vans vertes. Est-ce que la marque Vans existe encore ? Et la marque Creek's ? D'abord, j'ai été très déçu par le pont. On peut rigoler avec tout mais pas avec ça. Une île ne doit pas être reliée par un pont, point final. Plus le temps passait et moins j'étais sûr de moi. Je transpirais. Trop d'arrêts. Trop de vacanciers. Cette île tout en longueur me tapait sur le système.

À l'arrivée, Hortense m'attendait. Merci Hortense, sur ce coup-là, de m'avoir attendu. À son visage, j'ai tout de suite réalisé que tout n'allait pas se dérouler pour le mieux dans le meilleur des mondes amoureux. En fait, elle a tenu vingt-quatre heures, ce qui n'est pas mal pour une fille aussi surprenante. Elle m'a fait découvrir le bois de Trousse Chemise sans l'érotisme désuet de la chanson d'Aznavour.

Je me suis également retrouvé sur une barque avec un vieux pêcheur. Je mimais le type emballé. J'avais très envie de vomir. Il a fallu aller se baigner en fin d'après-midi, également. Imagine un peu, ô combien, tu peux être à l'aise avec ton corps quand tu as 17 ans et cinq cent quarante-six jours. Nous étions quatre sur la plage. Le reste de l'île devait faire un tournoi de mots croisés. Hortense, sa mère (femme adorable), sa sœur (peste adorable) et moi. Cherchez l'erreur. Il a fallu que je mette mon maillot en m'entourant d'une serviette de bain sous un vent terrible. Depuis, je ne crois pas m'être senti aussi seul. Ensuite, Hortense a tenu à aller se baigner. Elle avait toujours adoré la douleur. L'eau glacée était donc pour elle comme une grande joie. Le soir, après le dîner, elle a voulu qu'on prenne des couvertures et qu'on aille dans le jardin observer « la nuit des étoiles filantes ». C'est depuis ce jour-là que je déteste les étoiles filantes.

Il y a trop de belles étoiles dans les yeux d'une fille, dans un baiser qui tremble, dans un corps qui se donne pour se casser la nuque et choper froid à observer le ciel sans savoir trop quoi dire à l'autre de peur de la déconcentrer. Hortense semblait très attentive.

Parfois, elle daignait m'expliquer « la Grande Ourse », alors que, millimètre après millimètre, je tentais de lui effleurer la main. Je crois qu'on s'est disputés vers 3 heures du matin, lorsqu'elle m'a présenté « ma chambre » : une cellule de dix mètres carrés avec un lit minuscule digne d'un appartement de La Plagne au mois de février.

Je me suis retrouvé dans mon purgatoire : « Et plus tu désires une chose et plus de toi, cette chose s'éloigne », disait Darry Cowl dans un film de Mocky, il rajoutait même, Darry, « je crois que c'est de Baudelaire ce truc ou quelque chose dans le genre, je ne sais plus, je m'en fous. »

J'ai regardé mon sac. J'aimais trop Hortense pour lui infliger quinze jours de présence. Il me fallait agir afin d'éviter, dans son regard, l'impression d'être un vieux cousin qu'on se doit de tolérer le temps d'un été. J'ai ouvert la fenêtre. J'ai pris mon sac. Je me suis retrouvé à l'air libre. J'ai escaladé la clôture. Je pensais trouver un taxi, une cabine téléphonique, un petit hôtel, quelque chose. Rien. J'ai marché jusqu'à une plage minuscule. Il me restait quelques cigarettes. J'ai mis mon sac pour m'en faire un oreiller. J'avais froid. Je calculais, par rapport au nombre de cigarettes, comment tenir jusqu'à l'aube. Si j'en fumais une toutes les demi-heures, la nuit pouvait être largement supportable.

J'ai regardé le ciel. Un beau ciel, je dois l'avouer à présent.

3 h 40. On donne un coup de pied dans mon sac de voyage. Je me retourne. La « nuit des étoiles » me permet facilement de distinguer cinq personnes. Deux filles et trois garçons. Dans mes âges. Peut-être un peu plus vieux.

L'un des types, agressif, me demande une cigarette. Je m'exécute. Il poursuit : « C'est pas le Secours populaire, ici, faut pas rester sur cette plage, faut que tu dégages. »

Les autres se marrent. Je reste assis. Je dis juste, de façon assez distincte, pour une fois, la vérité :

« Je viens de me tirer de chez ma copine. Enfin, ma copine. Disons que je l'aime et que la réciproque ne marche pas. Alors, j'ai préféré partir. J'ai marché jusqu'à cette plage en attendant demain. Je ne connais personne. Je suis arrivé ce matin. J'ai pris un bus de La Rochelle pour arriver jusqu'ici. Je vais prendre le même bus demain dans l'autre sens jusqu'à la gare.

— T'es un bourgeois, me balance le même type.

— Oui, je crois qu'on peut dire ça. Je suis issu de la moyenne bourgeoisie. Je suis ce qu'on appelle un petit-bourgeois, en fait, pour être tout à fait juste. »

Le « groupe des cinq » venait de la banlieue stéphanoise. Ils étaient en vacances dans un camping à Ars, ville située géographiquement au milieu de l'île. Nous avons discuté.

4 heures. « Si tu veux, on est en bagnole. On retourne à Ars. On peut te rapprocher. »

J'ai accepté. Je me suis retrouvé à l'arrière d'un break Peugeot. Tout ce que je vous raconte est vrai. Le « club des cinq » vivait dans deux tentes igloos. Il y avait une table en formica dépliée entre les deux habitacles, sur laquelle trônait de la bouffe pour gosse : Nesquik, céréales, Nutella, etc.

Ils m'ont fait une place dans la tente des garçons. Ils m'ont offert un bout de matelas, un reste de salade de pommes de terre et de jambon, un fond de gin avec du Schweppes sans bulles et assez d'amour pour tenir jusqu'en 3027. J'ai tenté de m'endormir à proximité de mes trois nouveaux camarades. Sans réussite.

Je suis allé fumer ma dernière cigarette à l'extérieur. Je me suis assis dans une des chaises en toile, les deux coudes posés sur la fameuse table. L'une des filles s'est installée face à moi sans me calculer.

Elle tenait un pot neuf de compote de pommes dans sa main gauche et un petit appareil dans sa main droite. Avant d'entamer sa compote, elle a piqué le bout de son index avec une aiguille et, avec beaucoup de précautions, elle a déposé une goutte de sang dans son étrange appareil. Toujours sans me regarder, elle a dit :

« Je suis diabétique. J'ai besoin de connaître mon taux avant de savoir si je peux manger une compote. »

J'ai pensé aux six morceaux de sucre que je mettais dans mon bol de thé le matin. J'ai demandé :

« Il peut t'arriver quoi si tu manges trop sucré ?
— Au minimum ?
— Oui, au minimum.
— Coma. »

Visiblement, son appareil lui avait annoncé qu'elle pouvait attaquer sa compote. Elle l'a dévorée.

« Depuis quand tu es diabétique ?
— Depuis ma naissance, je crois, elle a répondu. Je ne sais plus. J'ai toujours vécu comme ça. »

Elle a souri un peu comme pour me soulager, comme pour me dire que ce n'était pas si grave et que je devais m'en remettre.

Le soleil s'est levé sur ma deuxième nuit blanche. C'est incroyable la résistance qu'on possède lorsqu'on a 17 ans et cinq cent quarante-sept jours. À présent, tout le monde dormait. J'ai marché jusqu'à une boulangerie. J'ai acheté des croissants et des pains au chocolat. Je suis revenu en direction du camping. J'ai posé mes achats sur la table en formica. J'ai trouvé dans mon sac un stylo et un morceau de papier. J'ai commencé par écrire « Merci » en lettres majuscules.

J'ai aussi donné le numéro de mes parents au cas où ils auraient besoin d'être hébergés en région parisienne. Ils n'ont jamais appelé.

J'espère que le papier ne s'est pas envolé. Je ne pense pas. J'avais bien pris soin de le coincer sous le sac de croissants et de pains au chocolat.

J'ai repris le bus pour La Rochelle. J'ai recroisé quelquefois Hortense. Je n'ai jamais revu le club des cinq. J'aimerais avoir de leurs nouvelles. J'espère encore. En attendant, qu'ils sachent que j'ai toujours 17 ans et cinq cent quarante-six jours malgré les apparences. Et surtout, qu'ils sachent que, chaque été, je suis content que la « nuit des étoiles filantes » existe. Pas pour les télescopes. Juste parce que je pense à eux.

L'Optimum, 2005

Journée 2007

Conférence de rédaction. J'arrive au journal. J'embrasse Diane, 43 ans, assistante de direction. Diane est parisienne. Elle fait du vélo elliptique, sort dans des vernissages et prend des apéritifs avec d'autres copines d'âge identique. Elle vit seule. Elle me protège de tout. À savoir qu'elle répond à ma place au téléphone, ouvre mon courrier, se pointe à mes cocktails et téléphone pour excuser mes absences. Diane s'inquiète pour moi vingt-quatre heures sur vingt-quatre et pleure lorsque je vais mal. Dans les couloirs, on l'appelle « Madame Rey ».

Réunion. Vingt-quatre personnes autour d'une table non fumeur. Nous évoquons les pages livres de l'hebdomadaire. Un type propose de faire un article sur *Mein Kampf* parce que, en fait, il trouve le bouquin drôle et pas mal écrit du tout. Je pense à Diane. À ses plateaux-télé le soir. À sa vaisselle de fille célibataire. À ses 43 ans. À son chat qui doit se frotter contre ses jambes histoire de prendre un peu de sa tristesse sur le dos quand elle lave son assiette. Diane nettoie l'évier. En face d'elle, une fenêtre donne sur la rue avec ses bars, ses restaurants et ces lieux où la vie éclate un peu partout.

Un soir, au sortir d'une pièce de théâtre, j'ai invité Diane à dîner. Il était 20 h 30. Nous avons marché un peu. Je n'ai pas su quoi proposer d'autre. La pièce évoquait le sexe sous toutes ses formes. Il était difficile de dialoguer avec Diane de ce que l'on venait de voir. J'ai trouvé un endroit dans la minute. Un restaurant.

Diane prend la banquette près de la fenêtre. Elle semble triste parce que je commande un Coca Light. Je lui impose tout de même un verre de vin blanc. Puis un pichet. Diane est au régime.

Elle déplace ses crudités avec sa fourchette, sans grande motivation, elle remue ses concombres et disperse ses carottes râpées. Demain, j'ai 44 ans, elle murmure. La fin de ma vie, elle ajoute. Taisez-vous, je gronde. Non, à 44 ans, à Paris, lorsqu'on est seule, c'est la fin de tout, Nicolas, vous savez que vous êtes le seul homme du journal à n'avoir jamais cherché à me baiser ? C'est un signe, ça, non ? Avouez-le, vous me trouvez périmée. Rien à voir ma chère Diane, j'enchaîne, imperturbable, je ne bande plus, j'ai fait trop de mélanges dans ma jeunesse, cela n'a rien à voir avec vous.

Diane commence à pleurer. Le serveur me regarde comme si j'étais le méchant de *Sous le soleil*. Diane ne rigole plus. Elle décide même de me tutoyer : « En deux ans, tu as fait du charme à toutes les filles de la rédaction sauf à moi, et ça va, je sais ce que tu vas me répondre, tu vas me répondre : on bosse ensemble Diane. Et alors ? J'ai envie que tu me baises. Donne-moi deux heures et je vais te refiler la trique, je ne suis pas prétentieuse, je suis juste une fille pleine de bonnes intentions. Baise-moi Nicolas et qu'on n'en parle plus. »

Les gens ont arrêté de manger ce qu'il y avait dans leurs assiettes. Ils nous regardaient. Je me suis tourné lentement vers eux pour les dévisager un par un.

Paris est un monde étrange, où l'on se téléphone sans se parler, où l'on se hurle dessus par trouille de s'effleurer.

L'Optimum, 2007

L'interview

Il va falloir que je parle d'Elsa Zylberstein à mon psychanalyste. Écoutez, docteur, je voulais effectivement rencontrer cette jeune femme, cette actrice, cette comédienne, je ne sais plus trop, j'ai le cœur qui se fendille, excusez-moi, pourrais-je avoir un verre d'eau, vous connaissez Dan Frank, docteur ? Dan Frank est un type formidable. Et Dan connaît Elsa ! Je n'y suis pour rien, docteur, si je m'égare. J'étais dans le salon d'un grand hôtel. Je ne savais pas qu'elle allait débarquer ainsi pour l'interview, fragile dans son grand tee-shirt blanc, démarche maladroite et compliquée. Démarche justifiée par un fort décalage horaire et une surprenante paire de chaussures. Une démarche d'oiseau. Comment voulez-vous lutter contre une démarche d'oiseau, docteur ?

Ensuite, je me suis penché vers elle pour lui dire : « Je vous emmène dans une chambre. » Elle n'a pas bronché. J'ai bien aimé cette absence de minauderie. Ensuite, c'est une histoire d'ascenseur. À peine une minute. Certaines tragédies tiennent dans un dé à coudre. Il existe des filles aussi fragiles que fortes. Elsa Zylberstein donne l'impression qu'elle se brise pour mieux se reconstruire juste après. Nous sommes toujours dans l'ascenseur. Un jour, il faudra faire un roman sur cette poignée de secondes. Combien d'étages ? Combien de mauvaises pensées en une seconde ? Si j'étais à la roulette d'un casino, si je devais jouer mon existence à quitte ou double, j'avoue, je pense qu'Elsa ne portait rien sous son tee-shirt blanc ce matin-là.

Dans l'ascenseur, il y avait aussi l'attachée de presse. Je me souviens que l'attachée de presse possède quatre enfants et aussi qu'elle m'a parlé « décoration » avant l'arrivée d'Elsa.

Elle m'avait également posé la question suivante :

« Pourquoi faites-vous vos interviews dans une chambre d'hôtel ?

— C'est l'endroit où tout commence et tout se termine, chère madame. »

Elsa a commandé un thé au lait avec du miel. Elle a ri lorsque je lui ai demandé si elle faisait bien ses nuits. Nous avons évoqué le Stilnox, *Breaking the waves* et son adolescence : « À 12 ans, j'étais une chose en gestation qui mangeait des crêpes le dimanche chez ses parents. »

Elsa, ai-je osé, j'ai envie de quelque chose, j'ai envie de parler de tout sauf de votre film. Une fois de plus, elle a joué le jeu. Elle a évoqué Pialat qui lui apprit « l'inconfort » et à « laisser aller les chiens ». Et Rilke, qui lui a fait découvrir l'été. L'été qui vient : « Mais pour ceux qui savent attendre. »

Docteur, je vais m'allonger si cela ne vous dérange pas. Ce soir, voyez-vous, j'ai envie d'appartenir à ceux qui savent attendre.

L'Optimum, 2007

Sens critique

J'aime l'écrivain Serge Joncour. En fait, j'aime Serge Joncour tout simplement. Serge vient de publier un nouveau livre. Je l'appelle sur son portable. Bruit d'un type super essoufflé à l'autre bout de la ligne. Après quelques longues secondes, j'entends :

« Ouais, attendez, suis en vélo avec mon chien, attendez, je m'arrête, ohhhh, le chien, par ici !

— Serge, c'est Nicolas Rey.

— Ah, bonjour Nicolas.

— Serge, mon Serge, je dois pondre ma chronique littéraire dans *VSD* et voilà, je veux évoquer ton roman parce que je t'aime depuis

Situations délicates, ton putain de recueil de nouvelles chez Flammarion. Tu te souviens ?

— Oui. Oh, le chien ! Par ici ! J'ai dit par ici !

— Serge, il faut que tu m'aides. C'est quoi, le titre de ton livre ?

— *Que la paix soit avec vous.*

— Amen. C'est quoi l'histoire ?

— Un mec seul dans un immeuble du Marais, attends, laisse-moi me rassembler, voilà, l'appartement à côté du sien est vide depuis soixante ans et un jour, il entend du bruit. Mais…

— Mais quoi ?

— Mais c'est plus compliqué que ça. Tu voudrais pas y jeter un œil ?

— Serge, je ne *peux* pas.

— Bon.

— Désolé.

— Tu sais, Nicolas, je sais pas comment dire, mais tu vois, on fait des livres et, un jour, on fait son livre.

— …

— Je crois que c'est mon livre.

— Serge.

— Quoi ?

— Je te félicite. »

VSD, 2008

La femme de l'an 2000

Ce midi, j'ai débuté calmement. Deux vodkas et un rail orphelin de son alter-ego. Je dois faire un portrait pour *L'Optimum* d'une comédienne que je ne connais pas. Olivia Bonamy. Je trouve formidable d'arriver neuf devant cette fille. Sans avoir vu son film ni même connaître son visage.

Le taxi me dépose face à l'hôtel Bel Ami. Xavier Duigues, jeune attaché de presse assez sexy, Xavier donc, arrive à vélo au même instant. Je reste muet, époustouflé par tant d'énergie parisienne. Des poils blancs se distinguent dans sa fine barbe. Xavier est un peu anxieux lorsque je lui annonce que l'interview se fera dans une chambre de l'hôtel ou ne se fera pas.

« Mon cher Xavier, comment veux-tu que je viole cette fille si je ne la coince pas avant dans une chambre qui ferme à double tour ?

— Je n'ai rien entendu, Nicolas. Tu te débrouilles avec elle.

— Sans problème.

— Nicolas, tu es sûr que ça va ?

— Mieux qu'un porte-avions. »

L'accueil. Une femme blonde me conduit jusqu'à l'ascenseur. Elle ressemble à la serveuse du dinner dans *Twin Peaks*. Mieux, elle est la serveuse du dinner dans *Twin Peaks*. Mais je préfère garder cela pour moi. On ne sait jamais avec la femme à la bûche. Troisième étage. Chambre 324. À l'intérieur, un photographe, une maquilleuse et Olivia Bonamy. Olivia est toute de noir vêtue. Visiblement, elle ne porte rien en dessous. Ce que tu préfères dans le corps d'Olivia ? Ses fesses et ses seins. Les fesses d'Olivia ? Des fesses de petit garçon, musclées et très épanouies. Le visage d'Olivia ? Un visage androgyne digne de la piscine Deligny. Les seins d'Olivia ? Timides, vifs, pudiques.

Un texto de mon dealer. Il est devant l'hôtel Bel-Ami. Un dealer est un ami que tu attends deux jours et qui passe trente secondes te vendre de la poudre coupée à je ne sais quelle merde. Il n'empêche. Je respire à nouveau.

Je remonte chambre 324. Enfin seul avec mon actrice. Elle dit :

« On descend faire l'interview ?

— Non, Olivia. On ne va pas descendre. Tu restes là, assise sur le lit, ça va durer une heure et peut-être même jusqu'à l'aube, on ne peut pas savoir. On n'est jamais sûr de rien. Chaque jour, on découvre quelque chose de neuf. Par exemple, savais-tu que la chambre 324 est aussi le numéro de chambre de l'agent Cooper dans *Twin Peaks* ?

— Je ne savais pas.

— Moi non plus, avant ce matin, je ne le savais pas. Regarde Olivia, le mini-bar, comme il est beau, comme il est plein. Combien de temps est-il possible de rester en vie avec un tel mini-bar ? Hummm, des chips, une bouteille de champagne, des mignonnettes de whisky. Pour l'instant, Olivia, les choses consommées par tes camarades sont : un diet Coke, un Perrier et un quart Vittel. Tes amis sont tristes. »

Je me relève. Je ferme les rideaux. Je vais dans la salle de bain. Je fais couler l'eau dans la baignoire. Je me charge sur le lavabo. Je retourne dans la chambre. Je m'allume une cigarette et entame un whisky-cola. À présent, Olivia Bonamy se tient debout, à côté du lit, en position de combat et c'est là qu'elle sort cette phrase formidable :

« Autant te prévenir tout de suite, je pratique les arts martiaux. »

Olivia ne rigole pas. Olivia est tout à fait sérieuse. Je suis ravi de tenir mon papier en un seul coup. Je pourrais partir mais il reste le mini-bar à terminer. Alors je pose une question :

« Olivia, tu pourrais pleurer devant moi, maintenant ?

— Ouais, je pourrais le faire.

— Vas-y

— Non, je ne le ferais pas.

— Olivia, c'est horrible. Tu arrives à pleurer sur commande ?

— Oui.

— Comment peut-on te faire confiance si tu arrives à pleurer sur commande ?

— Je ne m'en sers jamais dans la vie privée. »

Je soupire. Je songe à ma vie privée. J'ai le sinus droit en feu. Je rouvre en grand les rideaux. Je vois des flics relever une vieille dame.

Je vis dans un monde où les flics ont raison, où les filles pleurent sur commande et où un viol n'a pas eu lieu.

L'Optimum 2008

French TV

Barthélemy est notre stagiaire à Canal+. C'est un type incroyable, imberbe, d'une sexualité difficile à définir, un être capable de te créer un blog en dix minutes. Tout le monde l'appelle Bart dans l'équipe. Bart adore Hervé Guibert. Bart est cultivé (il prépare une thèse sur un écrivain ami de Samuel Beckett). Il est moderne, touchant et vif.

« Bart, je fais, trouve-moi la bande-annonce des *Chansons d'amour* de Christophe Honoré, je vais faire ma chronique DVD là-dessus, demain. »

Bart se rapproche de moi avec lenteur. Je suis allongé sur la moquette à côté de mon bureau avec un masque d'Air Taiwan sur les yeux. Bart me murmure :

« Nicolas, *Les Chansons d'amour*, je trouve que c'est une très bonne idée. J'ai adoré ce film. Mais le DVD ne sort que dans deux mois.

— Et alors ?

— Et alors, cela risque de... perturber les téléspectateurs.

— Bart ?

— Oui.

— Tu connais les livres ?

— Oui.

— Alors, que penses-tu d'un être humain qui regarde la télévision ?

— Rien.

— Moi non plus. Mais je fais comme tout le monde. Alors, lorsque je découvre un film avec un aigle comme Louis Garrel, lorsque je découvre un film où il pleut sur le génie de la Bastille, lorsque je rencontre un film joyeux à force d'être triste, je ne passe par la case : "Voyons voir à quelle date évoquer ce DVD du mieux possible." J'en parle. Dans deux mois, j'aurais oublié. J'oublie tout, Bart, le savais-tu ?

— J'avais un peu remarqué.

— Les cinq personnes touchées par ma chronique iront à la Fnac, ou sur Amazon. Ensuite, ils attendront deux mois. Deux mois. Bart ?

— Oui ?

— Peut-être que certains seront morts d'ici là.

— Peut-être.

— C'est impensable, la vie, tout de même Bart. »

L'Optimum, 2008

Des fleurs pour ton appartement

Émilie vit à Amiens. Elle s'est décidée pour le grand saut : Paris, cette ville magnifique. Émilie a un premier amour. Il s'appelle Marc. Il est garagiste. À Abbeville, Marc commande une bière dans un café. Voilà, c'est fait. Tout à l'heure, il s'est débrouillé pour finir tôt. Prendre une douche et, le temps de cette douche, réfléchir à quelqu'un qui s'en va, trouver une chemise propre, se laver les mains jusqu'à se défaire les ongles, surtout ne pas laisser de trace de cambouis sur les doigts. S'asperger un peu du parfum offert par Émilie.

Être parfait, être inoubliable, ne pas déconner. Tenir le temps de ce verre au Nelson Pub. Être compréhensif. Voilà l'expression exacte, s'en souvenir, se la marteler jusqu'au bout: « Être compréhensif. »

Pour une fois, ne pas ressembler à son père, ne pas hurler à la première contrariété. Ne pas se frapper la tête contre la table. Ne pas se faire avoir, ne pas retomber dans les travers habituels, surtout ne pas lui reprocher son départ pour Paris.

La chemise est propre, Marc démarre. Abbeville-Amiens. Quartier Saint-Leu, Nelson Pub, la même table à gauche, premier baiser il y a trois ans, en classe de seconde, lycée Madeleine-Michelis, déjà Émilie était blonde, les cheveux courts. Blonde et belle, évidemment. Belle comme à cet âge-là.

Marc s'installe, salue le serveur, commande un demi. Paris. Son école. L'oncle d'Émilie. Les relations parisiennes de son oncle. Paris. Ses endroits branchés. Les librairies. Les animateurs radio. Inutile de lutter. Le jeune homme regarde la jeune femme arriver sur le bord du canal, dans la brume ; en même temps qu'elle arrive, elle discute avec son portable des derniers préparatifs. Elle a la superbe des gens sur le point de s'en aller. Émilie embrasse Marc et connaît son devoir, le rassurer, lui faire oublier sa mélancolie, faire en sorte qu'il ne s'aperçoive pas qu'elle doit encore penser à un million de choses avant de s'endormir.

Au piano du Nelson Pub, une chanteuse murmure que si elle était un homme, elle serait capitaine d'un bateau vert et blanc, qu'elle offrirait de beaux bijoux et des fleurs pour l'appartement. Marc est mécanicien, il a déjà offert des fleurs, il n'a pas besoin de boire beaucoup pour oublier ses bonnes résolutions. Émilie, tu vas partir, tu vas vivre sans moi, à Paris, tu crois franchement que notre histoire peut résister à ça? Émilie se transforme en infirmière. Elle rassure, colmate, cajole, elle dit :

« C'est une aventure pour nous Marc, on va se manquer et ce sera bon, tu viendras le week-end, je te ferai découvrir les rues, les parcs, les cafés.

— Et moi, rétorque Marc, je te ferai découvrir quoi ? »

Elle le raccompagne jusqu'à sa voiture. Deux fantômes dans le soir épais. Émilie s'engouffre à la place du mort. Elle l'embrasse. Il dit : « Viens dormir chez moi. » Elle refuse. Il met les mains sur le volant, elle dépose les siennes entre ses cuisses comme le font les mères chinoises. Émilie branle un peu le sexe de Marc. Puis, doucement, elle le prend dans sa bouche, jusqu'au bout, jusqu'à ce que son sexe disparaisse entièrement. C'est une belle fellation.

Une fellation à la hauteur de certains bateaux vert et blanc.

L'Optimum, 2009

Strip-Tease

C'est un vieux *Strip-Tease* en DVD que j'ai retrouvé en rangeant mon deux pièces. Ranger est-il le mot adéquat ? Oui, selon moi. Non, selon la préfecture, ma sœur et mes parents.

Strip-Tease, le magazine de France 3 qui vous déshabille. Est-ce que *Strip-Tease* est toujours diffusé ? Je n'en sais rien. Il faut que je me renseigne, mince, c'est mon travail après tout.

Le premier reportage s'attarde sur un enfant dans une école en Alsace. Le gosse est sympathique, vif et très mauvais en classe. Pour bien faire, il triche un maximum mais il est souvent pris par la patrouille. Un matin, il est convoqué par la directrice qui porte un chignon ultra-strict. À l'intérieur de ce chignon, aucun cheveu ne possède le moindre espace de liberté. Le gosse doit avoir 8 ou 10 ans. Il ne sait pas encore qu'Émilie Besse va devenir la sublime journaliste qu'elle est aujourd'hui. Il vient remettre une punition que l'on appelle encore la « punition signée par les parents ». La pire de toutes. Pour la punition, ça va, il a fait le job. Pour en parler à ses géniteurs, c'est un peu moins certain. La caméra s'attarde sur la signature. Une signature mignonne et tremblotante. Une signature de charmant petit faussaire, beaucoup trop fidèle pour être honnête.

« Elle est de qui cette signature ? » demande la directrice, avec la voix du commissaire Maigret et les sourcils en accent circonflexe. Silence gêné. L'élève regarde ses pompes. Il donnerait dix ans de sa vie pour être ailleurs. « Écoute, faute avouée à moitié pardonnée. Alors, elle est de qui cette signature ? » insiste le chignon géant.

Le môme regarde maintenant par la fenêtre. Non pas la cour de récréation mais bien plus loin, après le grillage, les champs, la route et puis la ville que l'on distingue un peu. Il songe : « Je pourrais me planquer là-bas, le temps que l'affaire se tasse. Je pourrais échanger ma PlayStation contre une nouvelle pièce d'identité. »

Mais la directrice poursuit, implacable : « Tu veux que je téléphone à tes parents pour savoir si c'est bien leur signature ? »

Ses lèvres tremblent. Il ne moufte pas. Fin du reportage. La musique inimitable de *Strip-tease* reprend sa ronde. Courage petit. C'est peu dire qu'on est avec toi.

France Inter, 2010

Catherine Deneuve

Ma chère Catherine, c'est à genoux et en direct sur France Inter que je m'avance et je vous imagine en short, Catherine, je vous visualise en gardien de but, votre genou droit écorché jusqu'au sang par un précédent plongeon, donne mon ange, je vais nettoyer tout ça, je vais aspirer, je vais saliver, je vais mettre la langue, je vous imagine dans votre surface de réparation, Catherine, un chignon pour ramener vos cheveux vers le haut et je vais manquer mon penalty, c'est évident Catherine, parce qu'il est essentiel, ce penalty, parce qu'il est décisif, parce qu'on ne se reverra jamais, je vais faire comme Platini contre le Brésil, comme Zico contre l'équipe de France, je vais tirer au-dessus, là-haut, dans le ciel, je vais manquer ma cible, Catherine.

Ensuite, au lieu de dramatiser, je vais lever les yeux vers les nuages, les merveilleux nuages qui passent et, toi, encore au-dessus, une étoile, Catherine, une étoile on appelle ça, je vais bien fixer cette étoile, quitte à manquer le reste, quitte à ne pas plisser les yeux je regarde vers toi, ma Catherine, vers mon enfance, un dimanche soir à la télévision, je suis en pyjama rouge dans le salon de mes parents, la scène de la baignoire dans *Les Voleurs* n'existe pas encore, la première chaîne se contente de diffuser *Le Dernier Métro.*

À l'époque, je ne connais pas la phrase de Godard à la mort de Truffaut : « François est peut-être mort. Je suis peut-être vivant. Il n'y a pas de différence, n'est-ce pas ? »

À l'époque, je suis juste marqué par Marion et Lucas Steiner dans *Le Dernier Métro.* Souvent, il m'est arrivé de prendre le premier. Jamais le dernier. Qu'importe, je te revois en train de rejoindre ton mari planqué dans la cave, ton mari caché sous les planches du théâtre, Lucas Steiner écoutant ton histoire d'amour naissante sur scène avec Depardieu, je me souviens qu'avec ce dernier vous faites l'amour sur le parquet de sa loge, on voit tes jambes, juste tes jambes et le haut de tes bas et une accumulation de petit « oui » très sobre en guise de voix off, des « oui », simples et fermes, des « oui » comme le désir quand le désir se décide enfin. Je me souviens qu'à la fin du film, la guerre est finie et que Lucas peut enfin remonter sur scène saluer le public. À cet instant précis, on te voit souriante entre tes deux hommes, j'ai compris bien plus tard que les histoires d'amour ne se vivaient qu'à plusieurs.

La deuxième rencontre avec toi, ma chère Catherine, c'est une cassette vidéo interdite planquée chez la mère de mon camarade Vincent.

J'ai 12 ans et je ne comprends pas ton rêve qui consiste à être attachée et fouettée dès le début de *Belle de jour* et je ne comprends pas non plus ta soif de rendez-vous chez Mme Anaïs entre 2 heures et 5 heures de l'après-midi, surtout pas plus tard que 5 heures madame, à 5 heures, il faut que je sois rentrée et j'ai mal au ventre tellement j'ai envie de toi, chaque fois que, dans le film, tu prononces cette phrase sur les « 5 heures » et si tu veux vraiment savoir, Catherine, la cassette vidéo, c'est moi qui l'ai volée à Vincent et mon magnétoscope connaissait par cœur la pause image effectuée sur tes fesses, aperçues grâce à la robe noire transparente que tu portes pour le type qui te place dans un cercueil, ô, toi, ma robe magique, merci à tout jamais. Si vraiment tu veux savoir, Catherine, ma bite a explosé à de nombreuses reprises, image après image, sur ton visage ébloui, une fois que, chez Mme Anaïs, l'énorme Asiatique t'était passé dessus.

Je t'ai retrouvée à de nombreuses reprises. J'ai découvert avec toi le cinéma de Demy et celui de Téchiné. Et puis l'alcool dans *Place Vendôme.* Ta façon de regarder les verres sans les boire. Ce regard triste. Ces gestes fatigués qui consistent à vouloir tenir le coup malgré tout. Cette façon de dire, si un jour, je recommence à boire, tu peux garder dans ta main ton petit verre de champagne, si un jour, je recommence à boire, tu vois, je recommencerai lentement, une vodka sur une terrasse, une deuxième ensuite pour faire monter l'ivresse juste ce qu'il faut. Ensuite, je boirai dans les verres que les autres n'auront pas terminés. Et je retrouverai mes yeux de folle.

Et, moi aussi, Catherine, un soir, je retrouverai mes yeux de fou et je sortirai seul dans la rue, sous la pluie. Et j'oublierai la peur du reste en chantant comme un garagiste de Cherbourg. Et la pluie se transformera en neige. Beaucoup de neige fraîche sur laquelle je pisserai pour inscrire votre prénom avec amour, ma chère Catherine.

France Inter, 2010

Vidéoclub

C'est juste l'histoire de quelques jours, me supplie Kleber, seulement vêtu de tongs et d'un drapeau du Brésil. Il ne reste plus que le canapé du salon, je grince. Parfait, il glousse. Kleber, je te préviens, si j'aperçois le moindre camarade d'Amérique du Sud sur mon sofa, tu jartes. Nous sommes au vidéoclub de la butte, rue Caulaincourt. Nous sommes dimanche soir. Et ce n'est pas qu'un vidéoclub. C'est une légende, une adresse qu'on s'échange, un repère. Ils sont quelques types à tenir la chose. Ils ne sortent jamais de leur tanière. Ils ferment à minuit. Ils ont la peau blanche et les yeux cernés. Ils parlent cinéma, mangent cinéma, rêvent cinéma, gobent cinéma. Ils ont des trucs de dingue en DVD. Et, ce qui n'est pas encore disponible en DVD existe encore chez eux en VHS. Dans le quartier, on les considère comme des Indiens, des héros qui tiennent encore le coup entre deux nouvelles agences immobilières.

Un jour, un jour où vraiment ça n'allait pas, un jour où j'étais resté planté une bonne heure dans la boutique sans pouvoir me décider, un jour où je cherchais un moyen pour me pendre correctement, l'un des types m'a conseillé *Assassination Tango*, chef-d'œuvre de Robert Duvall et, sans ce conseil, je n'aurais jamais vu ce long-métrage, avec Robert Duvall devant et derrière la caméra. C'est un polar d'une grande rapidité et d'une rare lenteur. L'histoire d'un vieux tueur à gages, si mes souvenirs sont bons. Il doit effectuer un dernier contrat en Argentine. Un contrat vite fait. Mais les choses vont se prolonger.

Bref, tout se termine ainsi le dimanche vers 20 heures. Devant le rayon nouveautés, de jeunes pères de famille tentent de se mettre d'accord avec leur moitié sur le choix du soir, à l'aide d'un téléphone portable. Ce doit être, logiquement, la période du week-end où l'on souffle un peu. La fin de semaine a été difficile.

Si l'homme – par exemple – est sorti jusqu'à 6 heures du matin sans sa femme, il va se contenter d'obéir et de louer le DVD qu'elle désire sans commencer une plaidoirie pour défendre son envie soudaine de revoir *Les Affranchis.* En revanche si l'homme – par exemple – a géré le gosse toute la journée (biberon à l'aube, guignol, jardin d'enfants, bain qui se prolonge et toute cette farce), il peut se permettre de couper son portable et de revoir la robe moulée par la pluie de Scarlett Johansson dans *Match Point* au motif suivant : « Mon amour, ça ne captait pas, pire que le Stade de France cet endroit, et puis un Woody Allen, c'est un Woody Allen, merde, j'ai un lundi délicat qui m'attend et non, ce n'est pas un film avec une pute. »

Ayons également une pensée pour tous ces films qui resteront, quoi qu'il arrive, en boutique le dimanche soir. Par exemple, on ne loue pas un Kiarostami le dimanche soir. C'est ainsi. Même *Le Goût de la cerise.* Sauf si vous êtes un homme et que vraiment vous avez déconné pendant tout le week-end et qu'en plus votre femme est dingue de Kiarostami. Avec un schéma pareil, personne ne peut rien pour vous et je ne mise pas cher sur la durée de votre couple. En parlant de couple, le mien se porte bien.

Marie souhaite voir à tout prix *L'Aurore* de Murnau. Moi, j'ai envie de voir *Camping* avec Franck Dubosc. Laissez-moi vous expliquer. *Camping* est un film qui a connu un immense succès et je me dois de rester en contact avec les choses populaires de ce pays. Si on ne reste pas en contact avec les choses populaires de l'Hexagone, on se retrouve sans Lionel Jospin au deuxième tour. Au début, j'ai pensé à l'astuce suivante : arriver avec la pochette de *L'Aurore* et le DVD de *Camping* à l'intérieur. Trop facile. J'étais bon pour revenir à la case départ. Il fallait jouer différemment. J'ai imposé le silence dans la boutique. J'ai demandé à tous les autres jeunes pères de famille de faire un cercle autour de moi afin qu'ils puissent assister à cette expérience hors du commun. J'ai appelé ma femme.

« Mon amour ?

— Ne me dis pas que *L'Aurore* est sorti. Je te croirais pas.

— Non ma chérie, *L'Aurore* est là, je te rassure, seulement, je viens d'avoir un flash.

— Un quoi ?

— Un flash.

— Quel flash ?

— *Camping*, avec Frank Dubosc. C'est un choix politique.

— Nicolas, je suis fatiguée. Ramène-moi *L'Aurore* s'il te plaît.

— Est-ce que je peux ramener Yves Kleber aussi pour quelques jours ?

— Oui. S'il planque ses acides. Les gosses de deux ans font souvent de mauvais trips lorsqu'ils gobent des acides, Nicolas. »

J'ai loué *L'Aurore* de Murnau.

Yves m'a juré qu'il ne se droguait plus.

Nous avons remonté la rue Caulaincourt et j'ai fait semblant de le croire.

L'Optimum, 2010

Dictionnaire d'oreiller

Tu as entre 16 et 25 ans, tu es de sexe masculin, tu crèves d'ennui dans ta fac ou ton lycée. Largue ta jeune copine qui t'espionne sur Facebook, qui s'épile trop, qui t'offre une crise de nerfs chaque fois que tu tapes un gramme « parce que tu choisis Martin, c'est la drogue ou moi ». Cette fille n'a rien vécu et, pire que tout, elle ne connaît pas la position du parapluie bulgare. Camarade lecteur, écoute-moi, les filles de ton âge sont incapables de t'offrir un loft, une semaine aux Maldives ou un moment de silence. Elles ne connaissent pas leur corps. Elles pensent que la fidélité et le plaisir d'être en famille le dimanche existent. Elles sont épuisantes.

Fonce direct sur ta professeur d'anglais, rien de mieux qu'un dictionnaire d'oreiller pour devenir bilingue. Les mœurs liberticides de la société réduisent la cougar à une prédatrice de postadolescent. Alors que la raison du monde se trouve dans l'entrecuisse d'une copine de ta mère.

Apprends à devenir une proie affreusement désirable. La femme de 40 ans a du goût. Gare à ta vilaine peau. Enfin, arrive l'essentiel. La cougar, contrairement à la fille de ton âge, ne sera pas proche de la concession lorsqu'elle va s'offrir à toi. Loin de là. Elle va te désirer pour une raison physique valable. Pour ton petit cul sec et nerveux. Pour ton ventre plat. Pour ta gueule d'archange aux pieds fourchus. Elle va te vouloir avec une féroce vérité. Alors plonge ! La femme est divorcée ! Pas de gosse à faire ! Pas d'haptonomie ! Pas de cours de préparation à l'accouchement ! Aucune obligation de résultat. Il n'y a qu'à se laisser guider.

Assez vite, la cougar risque de t'offrir son bas du dos. Ce sera Noël au mois de mars. Des fesses belles et généreuses. Ouvertes. En pleine force de l'âge. Tu vas les embrasser. La sueur va te piquer les yeux. Tu vas continuer.

Et, en continuant, tu vas vivre une journée très au-dessus de la moyenne.

France Inter, 2011

La folie

J'aime le moment où l'on couche avec la femme d'un flic.

Parce qu'il faut commettre au moins une folie par an pour ne pas devenir fou et toujours bien faire ce qu'on fait, surtout si c'est une folie.

La folie, c'est un coup de fil déraisonnable, c'est la mort avec des veines chaudes, c'est se faire enfiler contre un mur de coquillages violets.

La folie, c'est se mettre en échec avec l'art et la manière, c'est rester enfermé dans un ascenseur et se sentir heureux, enfin seul, libéré de toute contrainte.

La folie, c'est s'accrocher à ce qui, pourtant, était fait pour passer.

Mourir tous les jours en croyant que c'est vivre. La folie c'est peut-être de croire les autres fous. Les voir tous les matins en file d'abattoir et se dire : seul celui qui dit non sera sauvé. La folie c'est sûrement le plus beau des paris. Un coup de dés capable de taquiner les hasards.

La folie fait rire alors que tout fout le camp.

La folie, c'est un voyage de noces en Allemagne.

Il n'est de folie qu'enfantine, celle qui dit toujours : Allons. Allons voir si là-bas les aurores sont d'azur. Allons goûter cette saveur étrange aux doux relents de Suze.

La saveur de ces matins vidés, sans personne, sans ombre.

Allons sentir sur nos paupières closes la violence d'un vent contraire.

Le fou toujours croira à la sagesse des notes.

Le fou est un voyant qui joue de la musique.

Le fou s'en va dansant, sur le corps du monde.

Il caracole et se moque des années.

Les yeux du fou sont grands, plus grands que l'océan.

Le fou ne vous voit pas mais le fou vous regarde.

Le fou n'a rien à dire, mais il le dit en chantant.

France Inter, 2011

Le fils Gainsbourg

Des années que je n'avais pas fait ça. Un portrait de quelqu'un en presse écrite. La dernière fois, c'était en 2004. Philippe Djian pour *Technikart*. Mais Lulu Gainsbourg, j'ai pas résisté. Lulu Gainsbourg, ça ne se refuse pas. L'avant-rencontre d'abord. Elle commence au téléphone :

« Je veux rencontrer Lulu chez lui. Pas à l'hôtel.

— Si vous voulez rencontrer Lulu chez lui, il va falloir aller à Boston.

— Pardon ?

— Normalement, à Paris, Lulu vit chez sa mère mais c'est le bordel depuis qu'elle s'est cassé la jambe. Donc, Lulu vit à l'hôtel. Au Raphaël.

— Le numéro de la chambre ?
— C'est une suite.
— Le numéro de la suite ?
— Ce n'est pas un numéro, c'est la suite Gainsbourg. »

Classieux le type. Je frappe. Je rentre. Premières impressions. Le physique : on a mis Johnny Deep et Sean Lennon dans un shaker, on est un bon barman, on a servi le tout « on the rock » et ça donne ce type. Ensuite, des mouvements lents. Une présence qui coule de source. Une présence qui n'a pas besoin de surjouer pour être là. Une chemise de bûcheron. Une chaîne en platine. Un petit saphir. Sa voix traîne sur la fin des mots. Il semble depuis sa naissance avoir un léger rhume qui donne à chacune de ses phrases un charme fou. Un immense sac de bonbons est ouvert sur la table basse.

« Tu peux te servir, il me fait. Tu veux un jus d'oranges pressées ? Moi, je vais en prendre un. »

Et Lulu de commander deux jus d'oranges pressées. Le jeune homme de 25 ans me regarde avec nonchalance. Il attend ma première question. On se croirait dans un bon vieux western.

« Je n'ai pas écouté ton disque, je suis désolé. »

C'est le genre de phrase à rendre dingue n'importe quel artiste. Pas lui. Calmement, il sort son iPhone et me file ses écouteurs.

« T'es plutôt quoi ? il demande.

— Aucune idée.

— À mon avis, t'es plutôt ça. »

Et il me balance *Sous le soleil exactement*, et ça déménage et je reconnais ce fou de Shane MacGowan, le chanteur des Pogues, survivant parmi les survivants. Shane, génial alcoolique déjanté. Dingue que ce type soit encore de ce monde.

« Mon père ne manquait aucun de ses concerts », murmure Lulu. L'album du fils de l'homme à la tête de chou : une quinzaine de compositions de Serge. Un hommage bien à lui. Un hommage qui semble dire: on va commencer par ça, mais à ma sauce, avec Matthieu Chedid et Marianne Faithfull. On va commencer radicalement avec mon inclination pour les instrumentaux et pour le jazz. Je suis un musicien. C'est moi le chef d'orchestre.

Je retiens ma respiration. J'imagine le nombre de fois où des gens ont prononcé cette phrase. Alors, j'ai prononcé cette phrase le plus doucement possible:

« Et ton père, j'ai fait.

— Je fuyais l'évidence depuis le début. J'ai fait mon maximum pour éviter ça. Je me suis rêvé magicien, créateur de jeux vidéo, champion d'aïkido, branleur dans un vidéoclub. Le jour de son décès, je me suis mis au piano. J'avais 5 ans. J'ai pianoté toutes les musiques qu'il m'avait jouées.

De Disney aux *Trois petits cochons*. Il ne m'a jamais donné de cours. Il ne voulait pas. C'est le soir de sa mort que c'est arrivé. Même ma mère avait du mal à croire que je jouais comme ça.

— Encore un peu sur ton père, s'il te plaît.

— Tout le monde parle de mon père. Tout le temps. Ça n'arrête jamais. Mais je maîtrise. Mon père, c'est le même effet de joie que lorsque môme, on te raconte une histoire et que tu es sur le point de t'endormir.

— Un dernier mot sur ton père, Lulu.

— À 15 ans, j'ai vraiment jeté un œil sur ce qu'il faisait. Ensuite, je suis allé voir ma mère pour lui dire: "Mais c'est un génie ce mec." Elle m'a répondu: "C'est bien, à 15 ans, de s'en rendre compte. C'est jamais trop tard." »

Et c'est à cet instant précis que le presque journaliste que je suis se gratte la tête en mâchouillant son stylo. Il y a quelque chose qui cloche avec Lulu. La perfection du discours sur son père. Cette apparente absence de fêlure. Et si je venais de me faire avoir par un adorable bandit. Et si Lulu, ce n'était pas Serge mais Bambou.

Sa mère adorée. Bambou et leur relation ultra fusionnelle. À 6 ans, ces deux-là partent en Martinique. Lulu découvre la paresse et le créole. Bambou lui apprend qu'il n'existe pas de liberté sans contrainte, qu'être libre, c'est pouvoir choisir ses barreaux. Entre le fils et la mère, c'est une union sacrée rendue encore plus forte par le fait d'avoir, au début, été mis à l'écart par le reste de la famille. Un proche : « Lulu et Bambou, c'est comme une louve avec son petit. Aucun millimètre ne peut les séparer. » Bambou. Flash-back. J'étais gosse. Je me souviens des seins de cette fille et de ses grains de beauté. Il se trouve que ma fiancée possède la même poitrine et que je suis totalement dingue des seins de ma fiancée.

Lorsque Bambou rencontre Serge dans une boîte des Champs-Élysées, elle fonctionne à l'héroïne. Plus tard, elle a failli crever d'une leucémie. Lulu a veillé sur elle à chaque reprise. Il l'a sauvée. Elle a réussi à faire de lui autre chose qu'un fils maudit. On a beau l'apercevoir parfois à une fashion week, la vie des noctambules n'est guère sa came.

« T'as fait quoi, hier soir, Lulu ?

— J'ai bouffé japonais avec mon pote Vincent. Ensuite, on a joué aux échecs.

— Tu vois Charlotte, parfois ?

— J'aimerais la voir plus souvent. Mais je comprends. Elle est très occupée. Elle vient d'avoir un troisième enfant. Charlotte, je ne la considère pas comme ma demi-sœur. Je la considère comme ma sœur tout court. »

L'alcool à présent. Lulu ne boit pas. Il est très timide. Il n'y aura jamais de Lulu Gainsbarre. Alors, lorsqu'il évoque la boisson, c'est presque touchant : « Parfois, je m'enfile un shoot de tequila avant un rendez-vous amoureux. Ça me donne la possibilité de ne pas rester muet devant la fille. »

Lulu a eu le cœur brisé quelques fois. On lui rétorque que c'est le plus beau cadeau possible pour écrire une chanson qui tienne la route. Que sans chagrin d'amour, pas de musique, pas de roman, pas de poème, pas de film : rien. Il rétorque que non, qu'il ne préfère pas avoir le cœur brisé.

L'attaché de presse de Mercury, adorable garçon aux cheveux courts, arrive dans la suite. Visiblement, je suis resté trop longtemps. Il y a des journalistes qui s'impatientent. Je serre dans mes bras l'attaché de presse :

« Je suis content qu'ils aient gardé quelqu'un chez Mercury. En plus tu sens bon. J'aime ton parfum. Tiens voilà une feuille de mon carnet. Écris-moi quelque chose sur Lulu et reviens nous voir après. » Plus tard, je vais lire ça : « Pour Lulu, la promo de son premier album est un exercice nouveau. Il s'y prête avec entrain, professionnalisme, liberté et malice. »

« Lulu, je fais, le temps presse. Ton livre préféré ?

— Les mangas.

— J'y pige rien aux mangas. Tu peux me trouver autre chose ?

— *Le Rouge et le Noir*. On m'a obligé à le lire en classe. C'est long mais j'ai aimé. Je me souviens bien de Julien Sorel. Ce type m'a touché. Et toi, tu aimes quoi ?

— Les séries », je réponds.

Lulu bondit de son pieu jusqu'au piano. Je peux te jouer tous les titres de séries télé, il annonce. Vas-y, balance. *Magnum*, je fais. Et c'est *Magnum. Amicalement vôtre*, je poursuis. Et je me retrouve avec *Amicalement vôtre.* Mince, à présent, c'est l'agent qui débarque. L'agent s'appelle Maxime. Maxime, comment vous dire, c'est l'élégance qui aurait pris forme humaine.

« Vous avez terminé, demande Maxime.

— Non, dans cet album bourré de guests, il y a une star qui m'intéresse plus que les autres.

— Scarlett Johansson ?

— Exact Maxime. Scarlett Johansson. Lulu, comment ça s'est passé avec Scarlett Johansson ?

— On s'est retrouvés en studio. On a vécu un super moment.

— Tu l'as pécho ?

— (Très professionnel) On a juste passé un moment très sexy, sensuel et sensible.

— T'as pécho Scarlett Johansson !

— Non. No comment. »

L'après-midi, Lulu a un emploi du temps hyper tendu : s'acheter un chapeau et aller faire un backgammon avec la chanteuse Dany.

Classieux, on vous dit.

Paris-Match, 2011

Septembre entre amis

Qu'est-ce que le dîner de septembre entre amis ? Ce sont des gens autour d'une table qui doivent se nourrir, boire, être drôles, s'intéresser à l'autre tout en préparant la phrase qui va suivre. En début de soirée, après l'accolade de rigueur, cela donne pour les femmes un compliment sur une mine superbe ou une extase sur une nouvelle bague. Parfois, même, arrive la phrase suivante : « Mon Dieu, cette ligne parfaite que tu as ! » La ligne parfaite est le résultat d'une dépression nerveuse mais ce n'est pas ça qu'il faut répondre.

Les hommes, eux, dès l'apéritif, sont déjà d'attaque. Ils vont bouffer la planète. Ils définissent les nouvelles forces en puissance pour repartir à la conquête de l'entreprise. « Tu sais que Chauvard a été viré. » « Ouais, et Lanneau aussi. » « C'est Lepuis qui va reprendre les deux postes. » « Quant à Lefèvre et Bellépine, ils sont nommés à la créa. » « Lefèvre et Bellépine à la créa ! Et Gayssot il en pense quoi. » « Oh, tu sais Gayssot, il fait ce que lui dit de faire Castin. »

Une fois à table, la maîtresse de maison porte un toast en prononçant la phrase suivante : « À partir de maintenant, on ne parle ni travail, ni politique, c'est la règle d'or. » Du coup tout le monde s'emmerde et les sept personnes vont devoir évoquer leurs vacances.

« En juillet, on a eu de la chance, on est partis en Tunisie. Du coup, on a évité le mauvais temps. »

« Nous, on a fait l'intérieur des terres en Corse. Cette île, il est impossible de s'en lasser. Il y a toujours quelque chose à découvrir. »

« Victoire et moi, on a décidé de se la jouer roots. Au dernier moment, on a pris la voiture et hop, l'Italie. On dira ce qu'on voudra mais la Toscane, c'est un petit miracle. En plus, y avait pas trop de monde cette année. » On dira ce qu'on voudra, mais aucune punition ne sera jamais à la hauteur d'une phrase comme : « On a pris la voiture et hop, l'Italie. »

Demeure l'acmé de ce repas. Le moment où la maîtresse de maison pose au seul invité célibataire la question suivante : « Et toi, l'Inde, c'était comment ? » Attardons-nous sur cette simple phrase, sur cette question qui incite d'elle-même à ce que la réponse ne soit pas trop longue. En sous-texte, il est écrit : « Tu vas nous débriefer ton périple mais rapidement. Je t'interdis de plomber mon dîner avec un tunnel de trente minutes sur le Gange, les intouchables et les enfants morts dans la rue. Tu souris, tu fais court, tu es marginal, tu es un homme sans femme et sans iPad. »

« Alors l'Inde, c'était comment ?

— C'était pas mal en fait. »

Incroyable soulagement dans l'assemblée.

À présent, nous savons tous que l'Inde, c'était pas mal en fait.

France Inter, 2011

Jean-Marc est une fête

Dans le monde de l'édition, il y avait un joueur magnifique : Jean-Marc Roberts. Un jour, Roberts a décidé de prendre sa plume pour défendre François-Marie Banier. Parce que Banier est indéfendable. Mieux, parce que Banier est coupable, forcément coupable.

Il ne s'est même pas donné la peine de naître par l'entrecuisse de Mme Bettencourt. C'est une faute. Un manque de savoir-vivre. À peine vivant et déjà incapable du moindre effort. Et que je m'amuse à divertir jusqu'à la destruction dans un monde où la platitude s'affiche comme un ordre nouveau. François-Marie n'est pas innocent parce que l'innocence, ça se vomit. Parce que personne n'est innocent. Notre homme est beaucoup plus qu'innocent, il est insouciant. Sagan disait toujours : « L'insouciance est le seul sentiment qui puisse inspirer notre vie et ne pas disposer d'arguments pour se défendre. » C'est compliqué, pour Jean-Marc Roberts, l'ami du mauvais garçon, mauvais garçon lui-même, de passer un moment sans son double maléfique. Extrait : « Tu occupes les trois quarts des conversations. Tu es leur juif, leur pédé d'origine hongroise, l'espingouin de la rue de la Pompe, le nègre de Servandoni. »

Dans cette lettre, il y a un pacte de fraternité, des années d'éloignement, des souvenirs de grande roue nocturne jusque dans les bas-fonds. Il y a ma Naine, Boto, Mon cœur. C'est comme ça que Banier appelle Roberts. Rien n'est jamais grave.

La vie est une farce qui roule en mob sans casque et qui passe mal à la télévision. Banier c'est une folie qu'on consume, c'est Alice Sapritch au Café de Flore, naïf et brutal, plus lucide que les autres quand il te balance des phrases comme celle-ci :

« Ils ne te pompent pas l'air, tes gosses, tes auteurs, ta copine ? Tu as combien de minutes à toi ? »

Combien de minutes à toi, Jean-Marc Roberts, combien de décennies écoulées depuis que

Louis Aragon jouait au casino d'Enghien : « On tombait en panne d'essence en pleine nuit sur la route verglacée du retour. Aragon sortait de l'auto en bondissant, comparait la chaussée à un lac gelé et nous menaçait de patiner jusqu'au petit matin. "Je suis le fils de Noureïev", nous disait-il en nous engageant à former une ronde autour de lui. Alors, comme s'il dirigeait un orchestre imaginaire, il nous incitait à reprendre en chœur le thème de la comédie musicale *Hair.* »

Et le jour se levait, les stations-service allaient ouvrir, l'Austin repartirait et on serait bien repartis avec vous, Jean-Marc Roberts, loin, très loin, jusqu'à l'insouciance.

France Inter, 2011

Éloge du toucher

Si vous avez passé les quarante premières années de votre existence à vivre le dos courbé, inutile d'essayer de vous tenir comme le prince Charles. Qu'importe la tenue, pourvu qu'on ait le geste. Le geste, c'est autre chose. La beauté du geste. À savoir, l'inverse de la perfection. La façon maladroite dont vous portez un verre d'eau à vos lèvres. Voilà ce qui peut faire fondre un homme marié.

La manière, madame, dont, avec votre foulard, vous essayez de masquer les petites plaques rouges en haut de votre poitrine, s'avère être, paradoxalement, la définition même du charme absolu.

Place à la plus douce et à la plus exaltante des batailles : celle du toucher de main. C'est une sorte de tango. Un pas de deux avec les doigts. Main qu'on effleure lors d'une balade. Doigts que l'on frôle au cinéma. Réponse de l'autre main. Divine réponse. Lenteur de l'index qui rase la paume, le poignet et c'est une aventure qui commence, ce sont les bouches entremêlées, la salive et les morsures, c'est le cœur qui palpite, c'est une question qui ne se pose plus, c'est Cuba en toute liberté, c'est ici et maintenant, c'est les ongles qu'on libère pour une dernière caresse avant les grandes blessures.

France Inter, 2011

Last day

Je me trouve dans l'État de l'Ohio pour vingt-quatre heures encore. Dernier jour avant l'exécution. Je n'ai rien espéré du simulacre de la semaine dernière. Une réunion pour la demande de la dernière chance. Le gouverneur ne possède aucune grâce, il ne pouvait donc rien m'accorder. Pendant vingt-quatre heures, on va bien s'occuper de moi, minute après minute. Vingt-quatre heures, avant d'être sanglé sur la planche d'exécution. Un lit en fer, une Bible où il est écrit : « Ses péchés lui seront pardonnés parce qu'il a beaucoup aimé. » J'espère qu'il ne se trompe pas trop dans ce bouquin. Je ne tremble pas. Je ferme les yeux. Je tente de me faire un best of des images du passé à la manière d'un grand zapping. Il y a l'odeur de ma mère, le rire de mon fils, la main brûlante et chaude que ma sœur savait poser sur mon front et le chapeau que portait mon père lorsque, à la montagne, nous allions nous enfiler des bières à la pression. À mon arrivée ce matin, j'ai fait l'objet d'une évaluation médicale. On m'a ouvert la bouche. On a pris ma tension. Il faut que je sois en forme pour qu'on puisse me tuer. Plus terre à terre, l'équipe d'exécution s'invite à trois reprises dans ma single room pour vérifier l'état de mes veines et évaluer le meilleur endroit où poser une intraveineuse assez solide pour supporter l'injection. En ce moment, ils innovent dans les produits. Je vais avoir droit à un fort anesthésiant connu pour son utilisation dans les euthanasies animales.

Ensuite, on me pose plein de questions: « Doit-on m'embaumer, remettre ma dépouille aux proches, et mes affaires personnelles, on en fait quoi ? » Je n'arrive pas à répondre. Impossible de me concentrer. J'ai envie de marcher sur une plage, de lire un journal dans un parc, d'ouvrir une bière, de regarder une fille en jupe à la terrasse d'un café. Un autre type se pointe. Il est chargé de composer le repas qui me sera donné dix-huit heures avant ma mort.

« Ce repas doit être dans la limite du raisonnable et toujours préparé dans les cuisines de la prison. Aucune commande à des restaurants n'est tolérée. » Étrangement, je n'ai pas très faim. J'ai gardé le silence. On m'a filé des travers de porc.

Le matin, un petit déjeuner m'a été proposé. Ils sont obsédés par la bouffe aux États-Unis. À 9 h 45, on m'allonge sur un lit, deux cathéters sont posés dans mes veines.

Une fois étendu, je me tourne vers mes proches. Pardon, ma chère famille, de vous infliger encore un truc invivable. Pardon, mais je vous promets que c'est la dernière fois.

France Inter, 2011

La douceur de Vincent Cassel

La douceur de voir sa femme allongée sur une pelouse en plein soleil. La douceur d'une plage de galets à Nice. La douceur d'une phrase prononcée par Vincent Cassel : « J'aime appuyer là où ça fait mal, faire naître le malaise. Je pourrais aussi tourner avec Sophie Marceau, mais quel intérêt ? », la douceur de cette confession. La douceur d'un doberman, cet animal de compagnie si proche de l'homme par certains aspects. La douceur d'un braquage de banque. La douceur d'un rituel synchronisé avant l'exécution. La douceur de l'inspecteur Harry que le nourrisson regarde en boucle dans sa turbulette à la place des dessins animés pour enfants. La douceur d'une grenade dégoupillée dans le casque d'un motard. La douceur de la bête du Gévaudan, la nuit, lorsqu'elle dort à côté de vous. La douceur du chorégraphe dans *Black Swan* et cette explication : « Mon personnage se fait un devoir de coucher avec ses danseuses. On pourrait croire que c'est un type qui profite de la situation. C'est tout le contraire, comme il est obsédé par son travail, sa discipline, il veut connaître leur corps pour mieux les modeler en vue de son spectacle. » La douceur du travail bien fait. La douceur d'une femme amoureuse qui pénètre dans un passage souterrain, boulevard Berthier, à Paris, XVIIe. La douceur d'un quartier haute sécurité. La douceur d'un jet d'eau glacé sur un corps qui n'existe plus. La douceur du sable dans un sandwich. La douceur du charme absolu des antibesogneux. La douceur d'un film composé de treize séquences. La douceur d'un homme qui va broyer la tête d'un autre dans une backroom. La douceur froide d'une vengeance. La douceur de la haine. La douceur d'une chute. La douceur d'une réplique devant sa glace : « C'est à moi que tu parles », « C'est à moi que tu parles », « C'est à moi que tu parles. »

La douceur d'un trip chamanique dans *Blueberry*. La violente douceur d'une drogue hallucinogène. La véritable douceur, enfin. La douceur de Gaspar Noé. La douceur de voir sa femme allongée sur une pelouse en plein soleil. La douceur avant l'irréversible. La douceur avant le drame. Jusqu'ici tout va bien.

France Inter, 2011

L'amour en trois rendez-vous

La première fois, je m'en souviens encore. La première fois, j'ai vraiment cru que c'était la belle et bonne personne. Elle écrivait tellement bien. Et puis, j'arrive au rendez-vous. Et puis, ses yeux se lèvent de son journal et nos regards décident de ne plus se quitter. Ensemble, nous oublions le triple A, l'émir du Qatar et le 20 heures sur France2. Son visage est encore plus magique que sur la photographie.

« Bonjour Corinne.

— Putaing, tu peux m'appeler Coco. À Perpignan, tout le monde m'appelle Coco. Bon, il fait soif. Tu me l'offres, ce pastaga ? »

Comment te dire, ma chère Corinne. Ce fut avec un grand plaisir que j'ai réglé l'addition de notre rafraîchissement. Et ne va pas croire que je suis snob. J'adore l'accent du Midi et son pittoresque phrasé. Mais il aurait fallu me prévenir parce que cet accent tape aussi fort qu'un videur de pub irlandais en fin de soirée.

La deuxième fois, je m'en rappelle parfaitement. La deuxième fois, avec Angélique, nous avons refait le monde pendant des heures dans la brasserie de ma place préférée. J'ai fait des blagues sur Nadine Morano, puis, voyant que mon côté libertaire fonctionnait à merveille, j'ai pesté contre tous ces lieux publics devenus non fumeurs. Alors que je m'apprêtais à lui demander sa main, la future femme de ma vie me propose de la raccompagner en voiture : « Impossible, princesse Angélique, ai-je murmuré, je refuse de passer mon permis de conduire parce que je suis à l'image de votre prénom, un incurable romantique. » « En ce qui me concerne, a déclaré Angélique, je refuse une seconde de plus d'écouter tes blagues éculées sur une femme politique aussi de droite soit-elle, je respecte le combat contre le tabagisme et surtout, ma définition d'un homme est simple : c'est un être capable de peu, hormis de me conduire en bagnole. Adieu Ducon. »

La troisième fois, je m'en souviens à peine. Quelques flashs. Une évidence. Elle était en retard. J'étais en terrasse. J'ai vu descendre une inconnue de l'autobus. Rapide et seule, elle semblait sourire. À l'instant même, elle me plut énormément. Et, au même instant, je m'aperçus que c'était la mienne. La fille de mon rendez-vous. La fille tout court. Une vie qui sort d'un bus. Notre vie.

J'étais content.

France Inter, 2011

Oncle Joe

82 ans ! Bon anniversaire Joey ! 82 ans, ça se fête. 82 ans, c'était pas gagné d'avance non plus. Joey Star, donc. À présent plus connu sous le nom de vieux Dédé. C'est lui le boss de la maison de retraite. Tu veux un supplément de compote, tu passes par Joey.

C'est Joey qui a maravé les clés de la pharmacie. Moyennant finance, oncle Joey peut te dépanner un max.

L'unique suite de l'hospice, c'est pour lui. Deux années qu'il fréquente l'établissement. C'est par lui que circule tout le trafic.

Talc, shampoing violet, photos équivoques de Jacqueline Maillant, barres chocolatées, avec l'oncle, tout est possible si tu lui achètes une de ses anciennes dents à cinquante euros la pièce.

Oncle Joey est le seul à mettre des lunettes de soleil en pleine nuit.

C'est dire si l'homme est classe. En ce qui concerne le business, le boss est rude en affaires. Il n'accepte pas les Ticket-Restaurant.

Le directeur aimerait trouver une solution pour faire virer le daron à cause du tapage nocturne.

Hélas pour lui, le vieux est intouchable. Il réactualise, chaque jour, des raps sur le personnel hospitalier. De l'aide-soignante en passant par le type de l'accueil, tout le monde se fait niquer la tête dans ses chansons. Un infirmier couche avec une octogénaire ? Joey se met à chanter « X Gérontologie » dans tous les couloirs.

Oncle Joey sait tout, devine tout, il tient ses fiches à jour et fume des cigarettes roses à la vanille.

Même à plus de 80 piges, l'ancêtre s'avère *bad* et bondissant.

Et dans la soupe, qu'il déguste seul le soir, oncle Joey rajoute toujours un peu de rhum pour corser l'affaire. Corser l'affaire, jusqu'au dernier souffle.

France Inter, 2011

Ma très chère Dominique Blanc,

Je profite de cette chronique pour vous écrire une lettre d'amour.

Dominique, tu me tues, tu me fais du bien, déforme-moi jusqu'à la laideur. Dominique, Chéreau, Duras et vous, je suis plutôt client. Chéreau d'abord. Lorsque *Breaking the waves* s'est fait étriller à Cannes, l'homme a écrit un article sublime dans *Libération*, intitulé « Bess Mc Neil n'ira pas en enfer ». Duras ensuite. Une écriture plutôt cruelle, drôle et qui se lit très facilement. Rien ne demande plus de travail, d'isolement, de douleur que d'écrire un livre qui puisse se lire très facilement. Exemple avec une phrase issue d'*Hiroshima mon amour*: « On croit que, lorsqu'une chose finit, une autre recommence tout de suite. Non, entre les deux, c'est la pagaille. » Alors, là, tout de suite, en vrac, dans une belle pagaille, je tiens à vous dire, Dominique, que vous m'avez bluffé avec Henriette de Nevers dans *La Reine Margot.*

J'ai aimé votre nihilisme, votre sourire presque doux, retenu face au massacre, vos conseils dingues et sanglants donnés à l'aube comme si la saint Barthélemy était un lendemain de fête. Et puis il y a la trilogie de Lucas Belvaux. Vous êtes morphinomane. Votre homme, Gilbert Melki, flic de son état, tente de limiter la casse en vous fournissant du mieux possible. Un jour, il est en rupture de stock et vous avez cette phrase : « Attendre cinq jours pour moi, c'est dix ans. » J'ai repensé à Duras, qui écrivait : « En amour, les vacances, ça n'existe pas. »

Ravi de travailler pour vous, ma chère Dominique.

France Inter, 2011

La lampe de chevet

On ne devrait jamais savoir ce qui se cache derrière un tour de magie. 30 mai 1975, Bernard Pivot, en direct, reçoit Vladimir Nabokov dans l'émission *Apostrophes*. Première question de Pivot : « Vladimir Nabokov, il est 21 heures, 47 minutes, 47 secondes, que faites-vous, normalement, à cette heure-ci ?

— À cette heure-ci, monsieur Pivot, je suis sous mon édredon. Avec trois oreillers sous ma tête, en bonnet de nuit dans ma modeste chambre à coucher qui me sert aussi de cabinet de travail. Une lampe de chevet bien forte, le phare de mes insomnies, brûle encore sur ma table de nuit mais sera éteinte dans un moment. J'ai dans ma bouche une pastille de cassis et dans mes mains un hebdomadaire de New York ou de Londres. Je le mets de côté. J'éteins. Je rallume en jurant doucement pour fourrer un mouchoir dans la pochette de ma chemise de nuit. Et maintenant commence le débat intérieur. Prendre ou ne pas prendre un somnifère. Qu'elle est délicieuse la décision positive. »

Bien sûr, ensuite, nous saurons tout. Qu'en romancier détestant la télévision, Nabokov avait demandé qu'on remplace sur le plateau son thé par du whisky, qu'on lui fournisse les questions et surtout que la table soit recouverte de tous ses livres afin que ces derniers puissent masquer les fiches de l'auteur. Il n'empêche. Un homme qui arrive avec des antisèches en buvant du whisky et en évoquant le phare de ses insomnies est forcément un grand écrivain.

Voilà pourquoi il ne faut jamais savoir ce qui se cache derrière un tour de magie.

France Inter, 2012

Lettres aux filles passées

Mes anciens amours, cela fait des lustres que je voulais vous écrire.

Je me dois de vous dire merci. Je vais commencer par Marlène puisqu'il faut bien commencer. Ma chère Marlène, si tu ne m'avais pas brisé le cœur à ce point, dans ce café, un mercredi matin, en prononçant la phrase suivante : « Nicolas, il n'y a rien à comprendre, je ne t'aime plus », je n'aurais jamais écrit la moindre ligne. Qu'est-ce qu'un roman ? Une longue lettre que l'on rédige parce qu'une fille vous a quitté et que l'on refuse de s'en remettre. Marlène, je me souviens de tout. De tes mains qui ne répondaient plus à mes pressions. De tes yeux lointains vers un autre homme. De ta belle chemise bleue. En sortant du café, j'ai marché jusqu'au métro. Je me suis demandé comment les gens faisaient pour vivre après une telle nouvelle. Visiblement, cela ne les gênait pas. La fleuriste continuait à vendre ses fleurs. Le cycliste à pédaler. Et si j'avais pu intituler mon livre *Reviens*, je l'aurais fait.

Ma chère Mathilde. Merci de m'avoir fait découvrir les voyages. Et c'est peu dire que je détestais ça. La première fois, je me suis retrouvé à Roissy-Charles-de-Gaulle sans savoir si nous allions en Égypte ou en Tunisie. C'est avec plaisir que je me suis retrouvé dans la Médina de Marrakech. J'ai adoré l'odeur. Le mélange d'épices, de pétrole et de soleil. Merci également, ma chère Mathilde, de m'avoir coincé la pointe d'un couteau de cuisine sous le menton en prononçant la phrase suivante : « Nicolas, la prochaine fois que tu me trompes, je te plante. »

Maud enfin. Ma chère Maud. Ma professeur en tout. Mon maître en sentiment. Maud, qui m'a fait découvrir que l'amour physique est une issue. Avec Maud, l'après-midi s'allongeait et je savourais chaque parcelle de sa peau. Maud était étudiante en médecine. Lorsque je l'ai quittée, elle a eu cette phrase : « Nicolas, j'aime chacune de tes molécules. »

Mesdames, j'ai aujourd'hui 40 ans et je voulais vous rendre hommage même si, parfois, vous m'avez fait mordre le bitume.

Sachez, enfin, que je trouve bien dommage de ne le faire que par la plume.

France Inter, 2011

22 janvier 2012

Ma femme s'appelle Marion. Marion est de gauche. Il faut la voir chantonner sous sa douche depuis le discours du Bourget. C'est simple. Elle ne l'appelle plus François Hollande comme la semaine dernière, encore moins « cette betterave de la SDN » comme l'an passé où mademoiselle ne jurait que par Martine Aubry.

Non, à présent, elle l'appelle François. François, comme si c'était son frère ou son amant.

Elle dit : « C'est bien parti pour François. » Parfois, elle murmure même : « Hier, dans *Libération*, François m'a dit… »

Non Marion. Mille fois non. Il ne t'a rien dit hier, François. Il a répondu à une interview dans un journal. Il ne t'a pas rédigé une missive à toi, Marion, la personne, l'individu. J'étais dos au mur. J'avais trop attendu. Il fallait que je trouve un candidat de droite à soutenir jusqu'à ce qu'il meure avant moi. Oui, mais lequel ? Villepin ? Il surjoue. Morin ? Il cachetonne. Sarkozy ? Une faute de goût. Alors quoi ? Alors qui ? Alors il est apparu : Nicolas Dupont-Aignan ! Le grand, le seul, l'unique ! Debout la France ! On se réveille, vilaine ! On va prendre sa douche et on revient avec sa blouse grise comme dans *Les Choristes*.

J'avais souvenir d'une nuit où, dans une suite d'hôtel, Marion était malade. Elle avait pris des cachets pour dormir. Et j'avais regardé la chaîne parlementaire. Et j'étais tombé sur Dupont-Aignan qui faisait l'instituteur à une classe unique le temps d'une journée. Il y avait du suspens et des rebondissements. Et puis, avant ou après mon Stilnox, je ne sais plus, l'homme, face caméra, m'avait tenu ce discours :

« Nicolas, regarde-la dormir, protège-la, aide-la au jour le jour. Marion t'aime comme j'aime la France. Elle t'aime complètement. »

En prenant mon bain, j'ai chanté *La Marseillaise*. J'étais devenu nicolas-dupont-aignantesque. Et je me suis formulé la maxime suivante : « Un homme dont le premier engagement politique était auprès de Philippe Séguin ne peut être totalement méprisable. »

Je m'identifiais à mon héros de quelques semaines. J'étais incompris, j'étais seul contre tous, je m'étais trompé d'époque. Nicolas possède un regard mélancolique avec une voix qui vibre. C'est un chouan ! Un Viking ! Un Danois, ce petit pays libre, courageux où j'irais, avec plaisir, mettre les pieds dans une autre vie.

« Mais tu es malade de voter pour ce type, grince Marion.

— Peut-être bien. Il n'empêche. Je préfère voter pour cet homme que pour Franck Ribéry. Avec Aignan, on ne reste pas dans le bus. Avec Aignan, on sort du bus pour jouer cette partie perdue d'avance. Oui, au franc. Oui, à l'absence d'électricité. Oui, au linge qu'on lave dans un ruisseau. Oui, à la lecture des *Trois mousquetaires* devant un feu de cheminée ! Oui, aux roulades dans le foin. Oui, à la fermière que l'on trousse sous le regard amusé de la Pompadour. Bientôt, il y aura un Minitel dans toutes les écoles primaires. Bientôt on ne voyagera plus en Europe mais à Naples, à Lisbonne, à Madrid ! Vive le gaullisme social, vive le Télex, vive le pneumatique et merci à toi, Georges Pompidou. »

France Inter, 2012

Marcel Proust est futé

C'est grave docteur? Non, c'est juste un chagrin d'amour. Je vais vous prescrire un livre, parce que les écrivains sont les seuls toubibs capables de décortiquer l'âme humaine sans tuer le patient. Pas besoin d'ordonnance. Tapez-vous les trois mille pages de *À la recherche du temps perdu.* Marcel Proust, cet éternel malade, scrute minutieusement les intermittences du cœur pour en faire naître une idée. Et quelle idée ! Mettant à bas les plus folles théories des expertes en ruptures sentimentales, qui se répandent à longueur de journaux pour expliquer comment guérir d'un bon vieux chagrin, Proust est formel :

« Bien souvent, écrit-il dans *La Fugitive*, pour que nous découvrions que nous sommes amoureux, peut-être même que pour que nous le devenions, il faut qu'arrive le jour de la séparation. »

Plus notre homme traîne en robe de chambre en se lamentant sur son sort, plus l'amoureux transi de Gilberte et d'Albertine finit par comprendre l'effroyable vérité : ce n'est donc pas l'amour qui fait souffrir : c'est la souffrance qui fait aimer.

Quitte-moi, et alors seulement je me dirai que tu étais tout pour moi. Quitte-moi et enfin je serai persuadé que tu es la plus belle âme que le monde ait bercée dans ses bras.

La formule de Proust n'est pas si compliquée : pour t'aimer il faut que tu me manques, pour que tu me manques il faut que tu sois loin, et pour que tu sois vraiment loin, il faut que tu sois vraiment parti. C'est ainsi : une existence n'est rien d'autre que la somme de toutes les disparitions qu'on a dû affronter. Il n'y a qu'en perdant son amour qu'on peut transformer la banalité d'une histoire en roman, et se mettre, enfin, à vivre pour de vrai.

France Inter, 2012

Un homme et des dieux

En revoyant *Des hommes et des dieux*, on retrouve Michael Lonsdale, on savoure à chaque reprise les détails de son phrasé, les silences, les creux, les déliés, les reprises, la valeur d'une respiration, d'un mot qui vous prend par la main. La présence d'un être incontrôlable.

Peut-être que tout est mensonge mais il y a cette attirance, ce désir. Faut pas trop se poser de questions. C'est un état de fait. Et puis, il y a Lonsdale en Algérie. Lonsdale en Algérie c'est autre chose. C'est un film dans le film. C'est frère Luc, un moine médecin qui, dès l'aube, dans son dispensaire minuscule et modeste, est attendu par la longue file de tous les gens du village. La pénurie de médicaments est compensée par un mot rassurant du vieil homme, un baiser sur le front d'une petite fille. Dans le film, Lonsdale nous dépasse tellement par le cœur qu'on en rougit de n'être qu'un nombriliste sur France Inter. Il faut voir frère Luc dans une fête musulmane, il faut accompagner cet homme intense et facétieux. On se souvient aussi d'une dernière chose.

Après avoir annoncé au chef de la communauté qu'il voulait rester, qu'il ne craignait nullement la mort, frère Luc quitte la pièce avec un petit sourire et la phrase suivante :

« Laissez passer l'homme libre. »

Il est possible de ne pas croire au ciel.

Il est plus difficile de ne pas croire en Michael Lonsdale.

France Inter, 2012

Ma très chère Isabelle Adjani

Alors c'est vous. 1983. L'affiche de *L'Été meurtrier* dans toutes les villes. Même à Vernon, dans l'Eure, il y avait l'affiche de *L'Été meurtrier*.

Je m'en souviens parce que c'était l'automne.

J'ai 10 ans.

Ma sœur m'emmène voir *Le Noël de Mickey* au cinéma.

À côté du *Noël de Mickey*, il y a en quatre par trois cette fille en talons aiguilles, aux longs cheveux bouclés bruns. Elle porte une jupe en jean et un petit haut de couleur blanche.

« Et si on allait plutôt voir ça, je propose.

— Non, a rétorqué ma grande sœur. C'est pas pour les gosses. C'est le récit d'une vengeance. C'est une histoire d'amour qui se termine mal. »

À l'époque, je n'avais pas encore assez de bouteille pour lui répondre que les histoires d'amour qui se terminent mal sont les plus belles car ce sont celles qui ressemblent le plus à la vie.

À l'époque, je suis comme Alain Souchon.

Je veux devenir pompier volontaire.

Je veux y croire. Je veux sauver des vies et savoir ce qui se passe sous les jupes des filles.

Trente ans plus tard, je découvre à l'intérieur d'un *Paris-Match* ces quelques lignes issues de votre bouche :

« Je ne sais pas pourquoi au juste les gens continuent à essayer de se mettre en couple. Le problème ne vient pas de ce que ça se termine mal, mais de ce qu'on s'embarque avec son futur ennemi. »

J'étais dans le TGV juste à côté de mon amoureuse.

Je l'ai regardée avec insistance.

Elle m'a dit : « Pourquoi tu me regardes comme ça ?

— Pour rien mon amour.

— Tu me regardes comme si j'allais devenir ton futur ennemi.

— Non. Tu te trompes. Je ne pourrais jamais imaginer une chose pareille. »

C'était la fin du mois d'août. Un peu partout en France, des couples venaient d'exploser. Morts d'avoir vécu quinze jours ensemble.

Morts d'avoir supporté l'autre à dîner dans une crêperie en tête à tête.

C'est la raison pour laquelle il existe les vacances entre copains. On y dilue la monogamie dans un saladier de pétanque, de grillades, d'huile d'olive et de faux compagnonnage.

En fait. Il existe deux saisons franchement difficiles. Pour la grande famille des fragiles et des anxieux, il faut passer l'hiver.

Pour les couples, c'est bel et bien l'été qui s'avère meurtrier.

France Inter, 2012

Florence Foresti

5 heures ce matin. Sonnerie aiguë, stridente de mon téléphone portatif. J'appuie sur la touche: « Répétition dans cinq minutes » et je commence alors une deuxième nuit atrocement courte. Malgré tout, j'ai évité le pire. Je n'ai pas appuyé sur: « Arrêter la sonnerie ». Surtout, ne jamais appuyer sur « Arrêter la sonnerie ». Si tu appuies sur cette touche, tu te sur-estimes et c'est le cauchemar qui débute avec un deuxième réveil à 9 h 30 et cette question définitive:

« Comment être à France Inter à 8 heures puisqu'il est déjà 9 h 30 ? »

5 h 40. Tu aurais dû faire ta chronique sur Florence Foresti hier soir. Tu déconnes aussi.

C'est de ta faute. À présent, c'est la catastrophe. À présent, tu te demandes si, pour ton billet, tu te trouves véritablement dans l'obligation de regarder son nouveau DVD. Peut-être que tu pourrais trouver un subterfuge. Tu appelles Fabrice, ton camarade de *Comme on nous parle*, afin qu'il te debriefe Florence à Bercy.

Elle danse beaucoup, il te rétorque. Merci Fabrice. Je vais faire un papier du tonnerre avec : « Florence Foresti danse beaucoup. »

6 h 15. Tu prends ta douche. Tu fais un effort de mémoire : « Florence Foresti, Florence Foresti, ça me dit quelque chose. Ah, je me souviens d'un de ses sketches où elle racontait sa vie d'avant, lorsqu'elle devait se lever tôt pour arriver à l'heure à l'entreprise et qu'elle s'octroyait une légère grasse matinée jusqu'à 9 heures du matin. »

6 h 30. Tu regardes le sketch en question sur Dailymotion. Tu réalises qu'un autre sketch, intitulé « La Grossesse », a été vu par plus de quatre millions de personnes. Tu rappelles Fabrice. Tu lui dis : « Dis donc Fabrice, tu sais qu'elle cartonne cette meuf. On pourrait même parler d'un phénomène Foresti. »

D'une voix glaciale, Fabrice te fait savoir qu'il est déjà au courant et que c'est en partie pour cette raison que Florence est programmée dans cette émission.

Ensuite, il te pose la question la plus flippante de la planète Terre :

« Et ta chronique, elle est sur quoi ce matin, j'ai besoin de savoir ?

— Comment te dire, Fabrice, elle n'est pas résumable.

— Tu as le début ?

— Presque, ça commence par : "Sonnerie aiguë, limite stridente de mon téléphone portatif."

— Super. Et la chute.

— Ah, Fabrice, ma passion, mon tigre en porcelaine. Tu sais Fabrice, quoi qu'on entreprenne, la chute, c'est toujours simple.

— Et la tienne, tu la vois comment ?

— D'une simplicité désarmante, Fabrice. Tout ce qu'il y a de plus désarmant. »

France Inter, 2012

La beauté des perdants

Lorsqu'on est vraiment au bout du rouleau, et cela arrive, parfois, tu peux me croire, camarade lecteur, lorsque c'est l'hiver, lorsqu'on ressemble à cette phrase de Brautigan : « Rien de ce qu'on peut dire ne rendra jamais heureux le type qui se sent dans une merde noire parce qu'il a perdu celle qu'il aime. »

Alors, alors seulement, il faut découvrir Jean-Pierre Martinet (1944-1993).

Pour commencer, je propose *Ceux qui n'en mènent pas large*, une longue nouvelle qui n'en finit pas de mourir debout, l'histoire de Georges Maman, sublime acteur raté, qui se termine au fond d'un bar, veuf de son grand amour : Marie, une fille avec de grands yeux bleus. Elle l'a quitté en douceur. Comme on abandonne un enfant malade, et : « Comme la plupart des jolies femmes, elle avait horreur des perdants. »

Pour Georges, il n'y a plus d'emploi au théâtre, au cinéma, à la télévision. Humiliation suprême, on lui propose un rôle dans un petit porno. Georges accepte. Mais notre camarade flanche au moment où il faut bander. Il en rigole encore, le pauvre. Dans ce bistrot de la dernière chance, le comédien va rencontrer un autre canard boiteux, une grande gueule. Pour la description du type, je vous laisse avec Martinet, vous allez mieux comprendre mon amour pour le style de cet écrivain. Le mec se pointe et l'auteur écrit :

« C'était toujours pareil. Il y avait toujours des gens qui se mêlaient de ce qui ne les regardait pas. Des casse-pieds professionnels, des maniaques de l'amour universel, des intoxiqués de la grande fraternité ! Et donneur de leçons, avec ça. Intarissables dès qu'on leur donnait l'occasion d'exhiber leur belle âme, leur belle petite âme palpitante et généreuse. »

Dans ce monde où l'on regarde les Jeux olympiques pour savoir quel crétin va nager plus vite que l'autre, *Ceux qui n'en mènent pas large* est un livre salutaire. Un hommage à ceux qui coulent dans cette pauvre vie. La mer s'est éloignée à jamais. Du coup, on se noie dans l'alcool. Dignement, nous avons perdu. Dignement, nous allons mourir. Dignement, nous en rions : « Georges n'avait jamais refusé une demande d'autographe. Il avait toujours considéré que cela faisait partie de son métier. Pas son genre, la grosse tête. Il était resté simple, malgré tous ses échecs. »

Dans *Le Dictionnaire de littérature française contemporaine* de Jérôme Garcin, deux cent cinquante écrivains ont rédigé leur propre notice nécrologique. Voici celle qui nous intéresse : « Parti de rien, Martinet a accompli une trajectoire exemplaire : il n'est arrivé nulle part. »

Au milieu de nulle part, son œuvre est à la verticale, du côté des grands qui savent raconter la beauté des petits naufrages.

France Inter, 2013

Pain perdu

Cassez des œufs dans un bol et fouettez-les avec du sucre. Fouettez-les doucement au départ, avec lenteur et puis commencez à les fouetter avec des petits gestes secs et nerveux et puis de plus en plus fort. Fouettez-les comme si, enfin fouettez-les tout court.

Versez du lait et de l'eau de fleur d'oranger sans cesser de battre.

Il ne faut jamais cesser de se battre. Comme le dit très bien Jean-Louis Murat : « L'amour, c'est pas pour les feignants. »

Alors, on se lève, on se révolte, on se retrousse les manches, on lui dit : « Ton rire me manque » et on sauve notre petit restaurant.

En ce qui concerne la recette : imbiber le pain quelques minutes dans le mélange aux œufs : il doit devenir moelleux. Voilà le génie du pain perdu. Le pain perdu se moque d'être un pain frais ou de ressembler à la perfection d'un pain de campagne. Bien au contraire.

On va le choisir rassis, on le recycle, on en fait quelque chose et surtout, on ne le zappe pas pour un plus jeune. On continue avec la même personne.

Ensuite, faites fondre le beurre dans une grande poêle et faites-y revenir les tranches deux à trois minutes de chaque côté. Les tranches doivent être dorées comme ta peau, au mois d'août, sur une plage de Nice. J'aimais te regarder dormir, en fin de journée, sur un matelas, ton visage à côté d'un verre de cocktail à peine terminé.

Parsemez le pain perdu de sucre semoule et servez chaud, accompagné d'une tasse de café.

Maintenant, un ultime conseil. Une botte secrète. Le soir venu, vous pouvez utiliser l'eau de fleur d'oranger pour vous préparer une tisane.

Je sais c'est dingue mais que serait l'existence sans folie, sans fleur d'oranger et sans toi.

France Inter, 2013

Table des matières

Au diable vauvert

Littérature française
Extrait du catalogue

SÉBASTIEN AYREAULT
Loin du monde, roman
Sous les toits, roman (à paraître)
TRISTANE BANON
Le Bal des hypocrites, récit
JULIEN BLANC-GRAS
Gringoland, roman, Lauréat du Festival du premier roman de Chambéry 2006
Comment devenir un dieu vivant, roman
Touriste, roman
Paradis (avant liquidation), récit
SIMON CASAS
Taches d'encre et de sang, récit
La Corrida parfaite, récit
OLIVIER DECK
Adieu, torero, récit
WENDY DELORME
Insurrections ! En territoire sexuel, récit
La Mère, la Sainte et la Putain, roman
YOUSSOUF AMINE ELALAMY
Les Clandestins, roman, Prix Atlas 2001
THOMAS GUNZIG
Mort d'un parfait bilingue, roman, Prix Victor Rossel, Prix Club Med 2001
Le Plus Petit Zoo du monde, nouvelles, Prix des Éditeurs 2003
10 000 litres d'horreur pure, roman
Kuru, roman
Assortiment pour une vie meilleure, nouvelles

Manuel de survie à l'usage des incapables, roman
NORA HAMDI
Des poupées et des anges, roman, Prix Yves Navarre 2005
Plaqué or, roman
GRÉGOIRE HERVIER
Scream Test, roman, Prix Polar derrière les murs, Prix Méditerranée des lycéens, Prix Interlycées professionnels de Nantes 2007
Zen City, roman, Prix Jacaranda et Prix PACA des lycéens 2010
ALEX D. JESTAIRE
Tourville, roman
AÏSSA LACHEB
Plaidoyer pour les justes, roman
L'Éclatement, roman
Le Roman du souterrain, roman
Dans la vie, roman
Scènes de la vie carcérale, récit
Dieu en soit garde, récit (à paraître)
LOUIS LANHER
Microclimat, roman
Un pur roman, roman
Ma vie avec Louis Lanher, nouvelles
Trois jours à tuer, roman
TITIOU LECOQ
Les Morues, roman, Prix du premier roman du Doubs, Prix du Baz'Art des Mots
ANTOINE MARTIN
La Cape de Mandrake, nouvelles
Le Chauffe-eau, épopée
ROMAIN MONNERY
Libre, seul et assoupi, roman
Le Saut du requin, roman (à paraître)
XAVIER DE MOULINS
Un coup à prendre, roman

Ce parfait ciel bleu, roman
Régis de Sá Moreira
Pas de temps à perdre, roman, Prix Le Livre Élu 2002
Zéro tués, roman
Le Libraire, roman
Mari et femme, roman
La vie, roman
Coralie Trinh Thi
Betty Monde, roman
La Voie Humide, autobiographie
Cécile Vargaftig
Fantômette se pacse, roman
Les Nouveaux Nouveaux Mystères de Paris, roman

Littérature étrangère
Extrait du catalogue

PAOLO BACIGALUPI

La Fille automate, roman, Prix Nebula, Hugo, Locus, Campbell 2010, Prix Bob Morane, Prix Planète-SF des Blogueurs, Prix Une autre terre, Grand Prix de l'Imaginaire 2013

Ferrailleurs des mers, roman, Prix Michael Printz jeunes adultes 2011, Prix Locus du premier roman jeune adulte

Les Cités englouties, roman

VIKEN BERBERIAN

Le Cycliste, roman

POPPY Z. BRITE

Self made man, nouvelles

Plastic Jesus, roman

Coupable, essais

Petite cuisine du diable, nouvelles

Alcool, roman

La Belle Rouge, roman

Soul Kitchen, roman

OCTAVIA BUTLER

La Parabole du semeur, roman

La Parabole des talents, roman, Prix Nebula 1994

Novice, roman

DOUGLAS COUPLAND

Toutes les familles sont psychotiques, roman

Hey, Nostradamus ! roman

Eleanor Rigby, roman

jPod, roman

Joueur_1, roman

Génération A, roman

WARREN ELLIS

Artères souterraines, roman

James Flint

Habitus, roman

Douce apocalypse, nouvelles

Électrons libres, roman

Neil Gaiman

Miroirs et Fumée, nouvelles

American Gods, roman, Prix Hugo 2002, Bram Stoker, Locus, Nebula 2003, Bob Morane

Anansi Boys, roman

Stardust, roman

Des choses fragiles, nouvelles, Grand Prix de l'Imaginaire 2010

Neverwhere, roman, Prix Julia-Verlanger 1999

avec Terry Pratchett

De bons présages, roman

Andrés Ibàñez

Le Monde selon Varick, roman

L'Ombre de l'oiseau-lyre, roman

John King

Skinheads, roman

Tao Lin

Richard Yates, roman

Vol à l'étalage chez American Apparel, novella

Taïpei, roman

Mian Mian

Panda sex, roman

James Morrow

En remorquant Jéhovah, roman

Le Jugement de Jéhovah, roman

La Grande Faucheuse, roman

Le Dernier Chasseur de sorcières, roman

L'Apprentie du philosophe, roman

Hiroshima, roman (à paraître)

Tricia Sullivan

Maul, roman

Michael Turner

Le Poème pornographe, roman

Milos Urban

Les Sept-Églises, roman

David Foster Wallace

Brefs entretiens avec des hommes hideux, nouvelles

Un truc soi-disant super auquel on ne me reprendra pas, essais

La Fonction du balai, roman

La Fille aux cheveux étranges, nouvelles

C'est de l'eau, allocution

Le Roi pâle, roman

Alex Wheatle

Redemption Song, roman

Island Song, roman

Irvine Welsh

Recettes intimes de grands chefs, roman

Porno, roman

Glu, roman

Trainspotting, roman

Composition
L'atelier des glyphes

Cet ouvrage a été imprimé
en octobre 2013 par

CPI
FIRMIN-DIDOT

27650 Mesnil-sur-l'Estrée
N° d'impression : 119599
Dépôt légal : octobre 2013

Imprimé en France